Holländische Nordseeinseln

Susanne Völler · Jaap van der Wal

**Texel · Vlieland · Terschelling
Ameland · Schiermonnikoog**

▶ Dieses Symbol im Buch verweist auf den großen Faltplan!

DUMONT

direkt

Welkom

Unterwegs auf den Holländischen Nordseeinseln

Die Holländische Nordseeinseln 15 x direkt erleben

Welkom
Unser heimliches Wahrzeichen

Vielen gilt der Amelander Leuchtturm als der schönste der fünf holländischen Watteninseln – so auch uns! Fröhlich rot-weiß geringelt lässt er sofort Ferienstimmung aufkommen; Erinnerungen an die Kinderzeit werden wach – auf unzähligen selbst gemalten Zeichnungen haben wir ihn verewigt. Und das Allerschönste ist: Wer die 236 Stufen des Turms bezwingt, wird mit einem schönen Ausblick über den Westen Amelands, über Wattenmeer und Nordsee und die gewaltige Sandfläche im Osten der Nachbarinsel Terschelling belohnt!

Erste Orientierung

Ankommen einfach gemacht

»Nie bin ich glücklicher als bei der Hinfahrt auf dem Boot.«, ließ uns schon Ende des 19. Jh. der Naturforscher J. P. Thijsse auf dem Weg nach Texel wissen. Daran hat sich bis heute nichts geändert: Sobald man die Fähre zu einer der fünf niederländischen *waddeneilanden* besteigt und das schier endlos scheinende Wattenmeer durchquert, stellt sich das ›ultimative‹ Urlaubsgefühl ein. Endgültig vergessen ist der alltägliche Kleinkram, wenn sich ein Streifen Land am Horizont abzuzeichnen beginnt und sich die Konturen einer Insel verschärfen. Thijsse übrigens wollte ursprünglich gar nicht nach Texel. Als junger Lehrer war er 1890 auf die Insel ›strafversetzt‹ worden – so jedenfalls empfand er es damals. Doch aus der Strafversetzung auf die Watteninsel sollte eine Liebe fürs Leben werden.

Wie heißen sie denn nun?

Apropos Watteninseln respektive *waddeneilanden:* So nennen die Niederländer die fünf Inseln, die wie Perlen an einer Schnur vor der Festlandküste im Norden ihres Landes liegen. Bei uns existiert dieser Begriff so nicht. Vielmehr tauchen die Eilande Texel, Vlieland, Terschelling, Ameland und Schiermonnikoog in deutschen Atlanten als **Westfriesische Inseln** auf, ein Terminus, der heute allerdings nicht mehr richtig ist. Gehört doch Texel nicht zur Provinz Friesland, sondern zu Noord-Holland. Korrekt ist der Begriff **Niederländische Nordseeinseln**, für Deutsche ist vermutlich der hier gewählte, **Holländische Watteninseln**, am griffigsten.

Gimme five!

Fünf Watteninseln nennen die Niederländer ihr Eigen. Als da von West nach Ost wären: Texel, Vlieland, Terschelling, Ameland und Schiermonnikoog. Jeder der fünf waddendiamanten, wie die Inseln werbewirksam vermarktet werden, hat sein ganz eigenes Gesicht. **Texel** (▶ Karte 2, D–F 10–14) als der größte Wattendiamant vermittelt das Inselgefühl wohl am wenigsten, dafür sorgt allein schon seine Größe. Die westlichste Insel bietet allerdings auch das abwechslungsreichste Freizeitangebot, und selbst im Winter kann man hier immer was ›losmachen‹ – wenn man möchte. Hier gibt es etliche Bausünden, und das Touristenzentrum De Koog sollte meiden, wer Ruhe sucht. Dafür lieben Jugendliche seine Amüsiermeile. Trotz aller Unkenrufe ist Texel jedoch ein Paradies für Naturliebhaber geblieben. Und am Strand findet sich 100 m abseits der bewachten Strände selbst im Hochsommer garantiert ein abgeschiedenes Plätzchen.

Im Schatten der großen Schwester?

Sind die vier östlich von Texel gelegenen Eilande touristisch also nicht von so großem Interesse wie die große Schwester? Weit gefehlt! Sie sind mindestens ebenso beliebt wie diese, können es allein an Größe mit ihr nicht aufnehmen. Bei Jugendlichen und jüngeren Erwachsenen ist neben Texel auch **Terschelling** (▶ H–N 5–7) angesagt: Hier ist immer etwas los, und Strand- und Nachtleben stehen hoch im Kurs. Aber auch Naturliebhaber geben sich hier gerne ein Stelldichein. Kein Wunder: Fast 75 % der Inselfläche sind geschützt.

Das – in puncto Ausgehen – etwas unspektakulärere **Ameland** (▶ O–V 5) ist fest in deutscher Hand. Besonders Familien kommen Jahr für Jahr gerne wieder. Und seit Pastor Janssen nach Ende des Ersten Weltkriegs blassgesichtige deutsche Kinder in die Sommerfrische nach Ameland schickte, erfreut sich die Insel bei Kinder- und Jugendgruppen besonderer Beliebtheit. Hier geht alles etwas geruhsamer als auf Texel und Terschelling seinen Gang, die Insel gibt sich gemütlicher und ist in einem zwei- bis dreiwöchigen Urlaub auch sehr viel leichter in seiner Gänze zu erfassen als die beiden größeren Schwestern.

Schiermonnikoog (▶ T–W 4–5) und **Vlieland** (▶ Karte 2, E–H 8–10) schlussendlich sind lauschige Mini-Eilande. Sie sind am ursprünglichsten geblieben und schlagen Besucher allein mit ihrer urwüchsigen Natur in Bann. Wer hierherkommt, muss auf den Pkw als eigenes Verkehrsmittel verzichten – allein die Insulaner dürfen Auto fahren. Doch Radfahren oder Spazierengehen passt zum gemächlichen Alltagstrott der Insulaner, der sich schnell auf die Gäste überträgt. Und für die kurzen Wege auf den beiden Inselchen ist ein *fiets* auch das absolut passende Fortbewegungsmittel.

›Eilandhoppen‹

Inselhüpfen in einem Ausmaß wie auf den griechischen Inseln gibt es auf den *waddeneilanden* zwar nicht, doch bestehen inzwischen zumindest im Sommer zwischen allen Inseln Fährverbindungen. Darüber hinaus gibt es die Möglichkeit, komplette Arrangements von fünf bis acht Tagen zu buchen, die Fährtickets, Transfers auf den Inseln, Übernachtung mit Frühstück und zum Teil auch Leihfahrrad sowie Tickets für Museen und andere Sehenswürdigkeiten umfassen (Informationen bei den VVVs, den hiesigen Fremdenverkehrsbüros, s. Reiseteil).

Das Kapital der Inseln: Dünen, Strand und Meer

Schlaglichter und Impressionen

Und die Sonne lacht dazu …

Vorab kurz zum Wetter: Die Watteninseln verfügen über ein sehr angenehmes Klima, das deutlich milder ist als auf dem holländischem Festland. Die Winter sind nicht zu kalt, die Sommermonate nicht zu heiß. Und alle Inseln haben eines gemeinsam: die meisten Sonnenstunden der Niederlande! Aus den Ziffern des niederländischen Wetterdienstes geht hervor, dass Texel mit einem Durchschnitt von 1690 Sonnenstunden im Jahr Spitzenreiter ist und weit über den Landesdurchschnitt hinausragt.

In guter Gesellschaft

Watteninseln zählt man insgesamt übrigens fast 50. Auch Dänemark und Deutschland haben ihren Anteil daran: Das Europäische Wattengebiet erstreckt sich vom dänischen Esbjerg über Deutschland bis in die Niederlande. Seit 1986 steht dieses einzigartige Gebiet komplett unter Naturschutz, im Jahr 2009 erhielt es den Titel »Weltnaturerbe« verliehen und ist seither in der UNESCO-Liste des »Welterbes der Menschheit« zu finden.

Nicht Fisch, nicht Fleisch

»Hier überflutet der Ozean zweimal binnen Tag und Nacht einen unermesslichen Landstrich und verursacht einen ewigen Streit der Natur, sodass man nicht weiß, ob diese Gegend zum festen Lande oder zum Meer gehört«, wunderte sich schon der römische Geschichtsschreiber Plinius der Ältere im 1. Jh. n. Chr. Ebbe und Flut bestimmen den Alltag. Bei Ebbe entsteht eine Landschaft voller Rinnen und Kuhlen.

Bei Flut wird das Gebiet mit Nährstoffen versorgt, die die Basis für eine Nahrungskette sondergleichen bilden. Algen, Pflanzen und Weichtiere nehmen die Nährstoffe auf und dienen ihrerseits als Futter für Krabben, Seesterne, Fische und Vögel.

Kapital der Inseln: die Natur

Wegen seines Nahrungsreichtums ist das Wattenmeer eine unentbehrliche Rast- und Brutstätte für Hunderte von Vogelarten. 10 bis 12 Mio. Zugvögel nutzen den Naturraum jährlich. Stolz spricht man von einer »Kinderstube« für Vögel, Fische und Seehunde. Eine Wattwanderung mit einem kundigen Führer öffnet die Augen für diese Wunderwelt. Wo vorher nur grauer Matsch war, wimmelt es plötzlich vor Leben.

Die Natur war es dann auch, die es dem jungen Thijsse, einem der bedeutendsten Botaniker der Niederlande, angetan hatte. Er war beeindruckt von der Vielzahl der Vögel und Pflanzen. Und tatsächlich: Die Flora der Niederlande ist nirgends reicher als auf den Watteninseln. Kein Wunder, treffen wir doch von Norden nach Süden die unterschiedlichsten Biotope an: Meer und Strand, junge Dünen, trockene Dünen und Heide, Wälder, niedrig gelegene nasse Polder, höher gelegene trockene Polder, Groden, Salzwiesen und Watt.

Heute ist die Natur das Kapital der Inseln, der Magnet, der die Menschen wieder und wieder anzieht. Für sie sind die Eilande einmalig, sie können die Inseln riechen, fühlen, schmecken und erfahren, die Urkraft spüren wie sonst nirgends in den Niederlanden.

Schutz eines einzigartigen Naturraums

Auf Qualität statt auf Quantität setzen die Inselgemeinden seit den 1990er-Jahren, um die durch die Urlaubsbranche übermäßig strapazierte Natur endlich zu schonen. Schon seit den 50er- und 60er-Jahren des 20. Jh. boomt der Tourismus auf den Inseln, damals forciert durch das neu eingeführte Recht auf Urlaub. Den Bedürfnissen der Touristen wurde zuvor stets Rechnung getragen, der Natur kaum.

Bausünden in dem Ausmaß wie auf den deutschen Watteninseln findet man auf den holländischen Inseln nicht, auch keine im Winter an Geisterstädte erinnernden Dörfer. Wohl aber den einen oder anderen gesichtslosen Klotz, mitunter sogar direkt an den Strand gesetzt wie in De Koog auf Texel.

Wie ernst es den Inseln mit dem Naturschutz ist, zeigt sich am Beispiel Terschellings. Hier ist die Natur zur dringlichsten und wichtigsten Aufgabe der Verwaltung erklärt worden. Auf allen Inseln werden große Feucht- und Dünengebiete geschützt, einige darf man gar nicht mehr oder nur noch geführt betreten, andere nur zu bestimmten Zeiten. Schiermonnikoog steht sogar fast komplett unter Naturschutz.

Für die Fischer gelten längst strenge Auflagen. Überfischung war und ist immer wieder ein ernst zu nehmendes Problem. So sind zurzeit beispielsweise 60 bis 70 % aller Schalentiere für Vögel reserviert. Die zerbrechliche Nahrungskette im Wattenmeer wird außerdem durch die zunehmende Verunreinigung des Wassers massiv gestört.

Spätes Umdenken

Und Tausende von Vögeln sind jährlich Opfer der Verschmutzung von Nordsee und Wattenmeer durch Öl und andere Giftstoffe. Werden sie rechtzeitig gefun-

den, sind die Chancen recht gut, das Federkleid vom Öl befreien zu können. Ruhe und Geborgenheit finden die verängstigten gefiederten Patienten bei ihren ständig in EcoMare auf Texel lebenden Artgenossen wie Basstölpeln, Trottellummen und Silbermöwen, Vogelarten, die in Gruppen leben und den kranken Tieren schützende Gemeinschaft bieten.

Landabsenkungen durch Ölbohrungen, vor allem auf Ameland, und ein geplanter Windräderpark im niederländischen Wattenmeer sind weitere Reizworte für die Naturschutzorganisationen.

Doch auch die Besucher der *waddeneilanden* beginnen umzudenken: Sie kommen nicht mehr nur, um an den kilometerlangen Stränden zu ›braten‹ und in die Nordseewellen zu hüpfen. Sie kommen auch, um die erste Uferschnepfe des Jahres zu begrüßen, den Flug der Löffler zu beobachten, das Blütenmeer des Strandflieders zu genießen, den hohen Ruf eines Austernfischers zu hören oder mit dem *fiets,* dem Fahrrad, dem Auf und Ab der Dünen zu folgen.

Tourismus: im Einklang mit der Natur?

Idealerweise lässt man sein Auto für den Besuch von Texel, Terschelling und Ameland auf dem Festland stehen und steigt auf das *fiets*, das Fahrrad, um. Es ist das Fortbewegungsmittel schlechthin auf den Inseln. Auf Vlieland und Schiermonnikoog fährt man ohnehin nur Rad oder geht zu Fuß – hier sind Autos verboten. Auf allen Inseln finden sich zudem zahlreiche Rad- und auch Wanderwege.

Besuchern werden viele Freizeitmöglichkeiten geboten – vermehrt im Einklang mit der Natur. In erster Linie, um einen gelungenen Urlaub zu garantieren, aber auch um Ferien außerhalb der Saison attraktiver zu machen. Bei Schlechtwetter sorgen ansprechende Museen, Rochen-Streichelbecken, Spaßbäder und nette Lokale für das Wohlbefinden.

Und nicht wenige Urlauber machen auch im Herbst und Winter stundenlange Strandspaziergänge, es sei denn der frische Wind bläst gar zu arg. Oder vergnügen sich auf einer der Schlittschuhbahnen. Weniger Hartgesottenen empfiehlt sich der Strandpavillon. Bei einem *koffie verkeerd* (Milchkaffee) oder einem Grog gemütlich im Warmen sitzen, den Blick aufs brausende Meer gerichtet – was gibt es Schöneres?

Deutsch-holländisches Verhältnis

Nur wenige Deutsche sprechen Niederländisch, viele Holländer, gerade auf den Watteninseln, hingegen die deutsche Sprache, meistens gut und oftmals gerne. Doch es gibt auch Holländer, die mit Deutschen nach wie vor am liebsten kein Wort wechseln. Noch immer bestehen Vorbehalte gegenüber der einstigen Besatzungsmacht.

Unverständlich ist, dass gerade auch das Deutschlandbild von Jugendlichen von Vorurteilen belastet ist, wie Umfragen ergaben. Sie finden die Nachbarn im Osten arrogant, überheblich, kriegslüstern. Dieses ›Wissen‹ haben sie, obwohl viele von ihnen noch nie im Nachbarland waren – und auch gar nicht hin wollen.

Leider gibt es aber auch immer noch Deutsche, die nicht einsehen wollen, dass – krass gesprochen – die Niederlande keine Kolonie Deutschlands sind, und die automatisch davon ausgehen, dass jeder Deutsch spricht, sie sich aber keine Mühe mit der fremden Sprache geben müssen. Dabei wird der Versuch, sich ein paar holländische Floskeln anzueignen oder es erst einmal mit Englisch zu versuchen, stets anerkennend registriert.

Drogen

Seit den 1970er-Jahren forciert Hollands Regierung eine sehr fortschrittli-

Daten und Fakten

Verwaltung: Die Inseln Vlieland, Ameland, Terschelling, Schiermonnikoog gehören verwaltungstechnisch zur holländischen Provinz Friesland, Texel zu Noord-Holland.
Landfläche: ca. 40 000 ha, davon Texel 17 000 ha, Vlieland 4000 ha, Terschelling 9 000 ha, Ameland 6000 ha und Schiermonnikoog 4000 ha.
Größe: Texel: 25 km lang, max. 8 km breit; Vlieland: 12 km lang, max. 2 km breit (Vliehors nicht eingerechnet); Terschelling: 30 km lang, max. 4,5 km breit; Ameland: 25 km lang, max. 4 km breit; Schiermonnikoog: 17 km lang, max. 4 km breit.
Strandlänge: 117 km, davon Texel 30 km, Vlieland 12 km, Terschelling 30 km, Ameland 27 km, Schiermonnikoog 18 km.
Waldfläche: 1680 ha, davon Texel 620 ha, Vlieland 300 ha, Terschelling 400 ha, Ameland 210 ha, Schiermonnikoog 150 ha.
Einwohner: 24 350, davon Texel 14 000, Vlieland 1150, Terschelling 4800, Ameland 3500, Schiermonnikoog 1000.
Dörfer: 17, davon Texel 7, Vlieland 1, Terschelling 4, Ameland 4, Schiermonnikoog 1; das größte Dorf ist mit Abstand Den Burg auf Texel (ca. 7000 Einwohner).

che Drogenpolitik, u. a. duldet sie ›weiche Drogen‹ wie Marihuana und Haschisch: Sie können verkauft und geraucht werden – nur zur persönlichen Nutzung bis 5 g.

Gegen Besitzer und Käufer harter Drogen geht die Polizei allerdings streng vor. In den (wenigen) Coffeeshops, die auf den Inseln existieren, werden *softdrugs* auf der Speisekarte angeboten, liegen *spacecakes* oder BonBons in der Auslage, wird mit Hasch aufgebrühter Tee oder Kaffee serviert.

Gerade Texel galt in den 70er-und 80er- Jahren unter deutschen Jugendlichen als Paradies, war es doch ebenso praktisch wie gemütlich, am Strand von De Koog in der Sonne zu ›braten‹ und sich einen Joint zu bauen, dessen Inhalt man kurz zuvor hier erstanden hatte. Dieses Kapitel ist allerdings längst Geschichte, und während in großen Städten wie Amsterdam der Straßenverkauf nach wie vor seine Blüten treibt, sind die Watteninseln in dieser Hinsicht völlig ›clean‹.

Verständigung

Nur allzu gern erbringen die Holländer mit links den Beweis, dass sie Englisch, Deutsch und/oder Französisch verstehen und sprechen, und seien es auch nur ein paar Brocken. In der Regel legen sie aber fließend eine Meisterleistung vor dem erstaunten und ihrer Sprache meist nicht mächtigen Gast hin.

Einige Sätze und Floskeln des Niederländischen zu können, ist daher nicht nur Ehrensache, sondern auch Gebot der Höflichkeit.

Holländische Höflichkeit

Die Holländer sind sehr viel höflicher als ihre deutschen Nachbarn. »Danke« — *bedankt* – und »Bitte« – *alstublieft* – prasseln wie ein Dauerregen auf Kellner, Verkäufer, Tankwarte etc. nieder.

Sollte man jemanden auch nur leicht anstoßen, ist ein lautes Sorry gefordert. Wer etwas bestellen will, geht nicht zur Theke und verlangt ein Bier, sondern fragt, ob er ein Bierchen haben dürfte – *mag ik een biertje?* Auch wer bezahlen will, fragt, ob er dies darf: *Mag ik afrekenen?* Häufig fügen die Holländer auch noch ein zweites Sätzchen hinzu, übers Wetter, die Menschen, das leckere Essen – ›nur‹ um freundlich zu sein.

Ausgehen

Während es auf Texel und Terschelling (vor allem in De Koog, Den Burg, West, Midsland) abends brummt, läuft das Nachtleben auf den drei kleineren Inseln ruhiger ab. Allerdings gibt es auch hier etliche Cafés, Bars, Musik- und Volkstanzgruppen, Möglichkeiten zum Billard- oder Dartspiel und zum Tanzen sowie eine ausgeprägte Café- und Restaurant-Terrassenkultur, die auch im Frühjahr und Winter gepflegt wird *(verwarmd terras)*. Auf Texel gilt die ›2.30– 3-Uhr-Regelung‹: Ab 2.30 Uhr darf keiner mehr herein, um drei (am Wochenende um vier) wird dicht gemacht. Auf Ameland ist bis 1.30 Uhr Einlass, feiern darf, wer drin ist, mitunter bis 4 Uhr. Auf den anderen Inseln ist meist gegen 2 Uhr Zapfenstreich.

Wasserqualität

Rijkswaterstaat, die staatliche Wasserschutzbehörde, gibt aktuelle Berichte zur *zwemwaterkwaliteit* heraus (www. waddenzee.nl). Die letzte Überprüfung (2010) ergab für alle acht entnommenen Wasserproben auf den holländischen Watteninseln die Bestnote »gut«. An den Stränden in Buren, Nes und Hollum auf Ameland sowie bei Paal (Pfahl) 9, 17, 20 und 28 auf Texel weht darüber hinaus die Blaue Flagge (www.blue flag.org). Also: nichts wie ab in die Fluten.

Eiszeiten

In Pleistozän und Holozän, den letzten beiden Eiszeiten, stapeln Gletscher riesige Mengen an Lehm, Kies und Ton aufeinander. Der älteste Teil Texels, der Hoge Berg, entsteht. Die Temperaturen sinken erneut, das Eis schmilzt, der Meeresspiegel steigt. Die Nordsee schiebt enorme Sandmassen vor sich her, und ausgedehnte Sandbänke entstehen. Anfangs ragen diese Strandwälle nur wenige Meter aus dem Wasser heraus. Pflanzen siedeln sich an, halten immer mehr Sand fest; ab 1000 v. Chr. entsteht eine geschlossene Dünenreihe, dahinter liegt ein Moorgebiet.

Erste Siedlungen

Nordseestürme schlagen riesige Löcher in die Strandwälle, aus den Überbleibseln entstehen nach und nach die übrigen Watteninseln, im Gegensatz zu Texel reine Gebilde aus Sand. Die dicke Moordecke hinter den Inseln wird weggeschwemmt, das Wattenmeer entsteht. Das Meer nimmt und gibt: Land wird weggeschlagen, nördlich der alten Dünen entstehen neue Dünenketten, z. T. sind sie mehrere Kilometer lang. Bauern, die aus dem Süden kommen, siedeln im heutigen Deichvorland. Sie legen Warften an, oft nicht höher als 1 bis 2 m, auf die sie sich flüchten. Um 800 n. Chr. wütet das Meer besonders: Die Warften werden ständig weiter verstärkt, die Verbindungswege zwischen ihnen erhöht.

Landgewinnung

Die See verhält sich relativ ruhig, immer mehr Menschen ziehen ins Deichvorland. Unter der Leitung von Mönchen werden enorme Gebiete eingedeicht, Land wird gewonnen. Die Pflege der Deiche obliegt allen gemeinsam. Seit ca. 1200 existiert das Wattenmeer ungefähr in seiner heutigen Form.

Aufkommende Schifffahrt

Die Watteninselbewohner finden ihr meist karges Auskommen vor allem in der Fischerei, auf einigen Inseln spielen auch Ackerbau und Viehzucht eine (untergeordnete) Rolle. Die Handelsschifffahrt der Hanse beginnt eine Rolle zu spielen, liegen die Inseln doch ideal an der Route von England, Flandern und Holland zu den Hansestädten Hamburg, Bremen und Lübeck.

Das Goldene Jahrhundert

Im Jahr 1585 wird Amsterdam bedeutendster Stapelplatz Nordeuropas. Die Handelsrouten führen nun durch Vliestroom und Marsdiep, insbesondere Terschelling, Vlieland und Texel sind Nutznießer. Viele Kapitäne der großen Handels- und Militärschiffe stammen von den Watteninseln. Auch auf den Inseln selbst macht man Geld: mit dem Lotsen, Segel- und Seilmachen sowie der Proviantierung. Holland steigt im 17. Jh. zur führenden Handelsnation auf. Handelsvereinigungen, unter ihnen die VOC, die Vereinigte Niederländisch-Ostindische Kompanie, konzentrieren sich auf die Kolonien in Ost- und Westindien. Sie sammeln unermessliche Reichtümer an, von denen einige auf den Watteninseln bleiben.

Niedergang

Bereits seit dem 17. Jh. stellen die Bewohner der Watteninseln einen bedeutenden Teil der Mannschaften auf den großen Walfängern, insbesondere Kapitäne. Die Männer sind zwar monatelang weg, bringen aber viel Geld mit auf die Inseln. Dies endet schlagartig, als die Engländer 1798 die niederländische Walfangflotte beschlagnahmen. Zeitgleich läuten die Dampfschiffe das Ende der Segelschifffahrt ein, viele Seemänner werden arbeitslos. Doch es kommt noch schlimmer für die Insulaner: Der Bau des Groot Noordhollands Kanaal 1824 macht großen Schiffen das problemlose Erreichen Amsterdams möglich, die Routen durch Vlie und Marsdiep werden unrentabel. Das 19. Jh. wird zum Jahrhundert des Darbens. Um Ackerland zu gewinnen, werden z. T. große Gebiete eingepoldert.

Tourismus und Umweltschutz

Zu Beginn des 20. Jh. ist die wirtschaftliche Lage desaströs. Küstenschutzmaßnahmen verschlingen Unsummen. Die beiden Weltkriege versetzen dem aufkeimenden Tourismus herbe Schläge. Doch in den 50er- und 60er-Jahren setzt ein bis jetzt anhaltender Boom ein – forciert durch das neu eingeführte Recht auf bezahlten Urlaub. Die Watteninseln setzen heute auf einen sanften Tourismus; oberstes Ziel ist der Naturschutz, schließlich ist die Natur das Kapital, mit dem sie wuchern. Eine schöne Belohnung erhielten die Naturschützer am 26. Juni 2009, als die UNESCO das Wattenmeer auf die Welterbeliste setzte – damit zählt es zu den besonders schützenswerten und einmaligen Naturlandschaften der Welt. Das Wattenmeer ist eines der größten Ökosysteme unserer Erde, das von Ebbe und Flut abhängig ist. Es bietet rund 10 000 Tieren, Pflanzen und Kleinstlebewesen einen Lebensraum. 10 bis 12 Mio. Zugvögel rasten alljährlich hier auf ihrem Weg in ihre Sommer- beziehungsweise Winterquartiere.

Uferschnepfen, eine weltweit bedrohte Watvogelart, brüten auf den Watteninseln

Buchen

Die Insel-VVVs geben reich bebilderte und informative Kataloge mit Unterkunftsnachweisen heraus. Auf Anfrage werden sie vom VVV verschickt bzw. stehen zum großen Teil im Internet auf den Websites der VVVs zur Verfügung. Selbst Vermieter von Privatzimmern und Ferienhäusern sind hier erwähnt. Die in den Katalogen genannten Unterkünfte sind über den jeweiligen VVV zu buchen. Ferienhäuser werden auch in den Touristikbeilagen der deutschen Presse und über Internetportale angeboten.

Im Sommer und in den Ferien sind so gut wie alle Unterkünfte weg, man muss Monate im Voraus buchen. Spontan noch etwas zu finden, ist schwer, insbesondere am Wochenende oder für einen längeren Zeitraum.

Die Unterkünfte auf den Inseln sind teuer. Günstige Hotels und Pensionen finden sich kaum. Einige wenige Hotels haben das ganze Jahr über einen konstanten Preis, andere nehmen in den Sommermonaten ca. 10 % mehr. Apartments sind in der Nebensaison um ca. 50–60 % billiger, Ferienhäuser mitunter sogar bis zu 70 %. Nutzen Sie Midweek- und Wochenendangebote!

Wollen Sie über Feiertage oder zu Veranstaltungen auf die Inseln kommen, ist im Hotel ein Aufenthalt von mind. drei bis vier Nächten Minimum. Wird kurzfristig gebucht, ist auch ein kürzerer Aufenthalt möglich. In vielen Hotels gilt die Regelung, dass übers Wochenende für mindestens zwei bis drei Tage gebucht werden muss. In den Sommermonaten Juli und August kann man sich in vielen Häusern nur wochenweise einmieten. In einigen Perioden (in Ferienzeiten oder über Feiertage) ist pro Nacht und Person ein Zuschlag (ca. 2–10 €) zu zahlen.

Bei einer Übernachtung im Doppelzimmer ist von Einzelpersonen in der Regel ein Zuschlag zu zahlen.

Hotels und Pensionen

Von kleineren Familienpensionen bis zu großen Hotelanlagen gibt es alles. Dementsprechend ist auch die Ausstattung der Zimmer: Die Palette reicht von recht kleinen und sehr nüchtern und zweckdienlich gehalten Zimmern bis zu Luxussuiten mit Whirlpool, separatem Ankleidezimmer und Internetanschluss. In vielen Häusern ist das Freizeitangebot recht groß. Oft ist die Lage fantastisch, besonders gefragt sind die Häuser mit Meerblick. Die im vorliegenden Führer genannten Preise für Hotelzimmer beziehen sich auf zwei Personen im Doppelzimmer inklusive Frühstück.

Privatzimmer

Logies (met ontbijt) – Zimmer (mit Frühstück): Diese Übernachtungsmöglichkeit bietet eine günstigere Alternative zu Hotel und Pension.

Ferienwohnungen und Mobilheime

Bei längeren Aufenthalten ist diese Art der Unterbringung sicherlich die günstigste. Die Ferienhäuser und -wohnungen sind üblicherweise gut ausgestattet (5-Sterne-Klassifizierung). Viele Häuser befinden sich in Bungalowparks, was bedeuten kann, dass sie sehr nah beieinanderliegen. Wer der Meinung ist, seine Koffer seien eh schon zu schwer, der kann Bettwäsche und Handtücher ausleihen (Infos beim VVV).

Sehr beliebt bei den Holländern ist auch die Anmietung eines Mobilheims. Die *stacaravans* (fest installierte, komplett ausgestattete ›Wohnwagen‹) haben oftmals die Ausmaße eines kleinen Ferienhauses und sind auch ähnlich ausgestattet, aber günstiger.

Gruppenunterkünfte

Nicht nur in den Niederlanden sind die Watteninseln beliebtes Ziel für Schulausflüge etc. Es gibt hier eine große Zahl von sehr unterschiedlich ausgestatteten Gruppenunterkünften, die meist schön liegen (Spezialbroschüre bei den VVVs). Über die größte Zahl dieser Unterkünfte verfügt Ameland.

Jugendherbergen und Herbergen

Ausgezeichnete Stayokay-Jugendherbergen finden Reisende in West-Terschelling, in Den Burg auf Texel und in Hollum auf Ameland, eine Herberge auf B&B-Basis in Schiermonnikoog-Dorf.

Campingplätze/Zelten auf dem Bauernhof

Auf Schiermonnikoog und Vlieland ist das Campingplatzangebot klein. Wohnmobile und Caravans sind dort nicht erlaubt (autofrei), auf den übrigen Inseln schon. Hier gibt es auch zahlreiche Camping- und Caravanplätze, auf denen auch Mobilheime zu mieten sind.

Sehr schön sind die *natuurkampeerterreinen* (Naturcampingplätze), die von der Staatsbosbeheer, der Staatlichen Forstbehörde, unterhalten werden. Sie sind klein, einfach, schön und ruhig gelegen. Auch das Zelten auf dem Bauernhof ist eher etwas für Ruheliebende. Die Plätze sind klein und einfach mit meist großzügigen Stellplätzen.

Urlaubsorte im Überblick

Wer auf Texel mitten im Geschehen sein möchte, muss sich in De Koog einquartieren, bis spät in die Nacht herrscht dort noch reges Treiben. Von De Koog hat man allerdings auch den kürzesten Weg zum Strand. Auch in Den Burg ist immer etwas los. Ruheliebende sollten sich einen kleineren Ort wie Oosterend, De Waal oder Den Hoorn suchen.

Terschelling kann mit beidem dienen, mit Ruhe und mit Abwechslung. Wer sich in West-Terschelling oder in Midsland einquartiert, ist wohl auch am abendlichen Ausgehen in trubeliger Atmosphäre interessiert. Im Osten der Insel dagegen wird's ruhiger. Friedlich geht es auch in den Ferienhaussiedlungen im Norden zu – und von dort aus hat man den kürzesten Weg zum kilometerlangen Strand.

Auf Ameland ist Ballum der ruhigste Ort, besonders quirlig – zumindest in den Sommermonaten – ist es in Nes. Auch im relativ gesichtslosen Buren sind viele Gäste untergebracht, dort trifft man insbesondere auf Jugendgruppen.

Am ruhigsten ist es ganz klar auf den beiden kleinen Inseln Vlieland und Schiermonnikoog, die zudem noch autofrei sind.

Essen gehen

Viele Restaurants bieten neben der abendlichen Dinner- auch eine (meist kleine) Lunchkarte zur Mittagszeit an. Lunchtime ist von 12 bis 14 Uhr; die Küche hat auch in der Hochsaison abends selten länger als bis 20/21 Uhr geöffnet. Essen gehen in den Niederlanden ist immer ein teurer Spaß, selbst Pizza und Pasta kosten vergleichsweise viel. Touristenmenüs sind eher selten; eine günstigere Alternative ist in einigen Restaurants die (mitunter täglich wechselnde) *dagschotel*, das Tagesgericht. Hauptgerichte werden in der Regel mit Pommes frites, gebackenen oder gekochten Kartoffeln, Kroketten, verschiedenen Gemüsesorten (kalt und warm) und Salat serviert.

Die Hauptmahlzeit der Holländer ist das abendliche Dinner, mittags nimmt man in der Regel nur einen kleinen Imbiss zu sich; dies ist aber in einigen touristisch geprägten Orten inzwischen schon etwas aufgelockert. In der Hauptsaison legen viele Restaurants keinen Ruhetag ein; allerdings gibt es keine einheitliche Regelung. Etliche Betriebe schließen von November bis zu den Osterferien, sind in den Weihnachtsferien aber geöffnet.

Regionale Küche

Eine lange kulinarische Tradition besitzen die Wattensinseln nicht: Die Inselbewohner haben lange Zeit am Hungertuch nagen müssen … So stand auf dem Speisezettel über Jahrhunderte Fisch, Fisch und nochmals Fisch. Doch isst man heute gut und vielfältig auf den Inseln. Zahlreiche Restaurants servieren qualitativ hochwertige *eilandproducten*, Inselprodukte wie *cranberries*, *geitenkaas* (Ziegenkäse) oder *lamsoorhoning* (Strandfliederhonig).

Fisch und Fleisch

Neben dem allgegenwärtigen Fisch, der gebraten, geschmort, gekocht, geräuchert, mariniert oder als Suppe auf den Tisch kommt, den Muscheln – lecker in Wein, Sahne oder Bier gekocht – und anderen Meeresfrüchten (insbesondere Garnelen) setzt die Inselküche vor allem auf Lamm- und Rindfleischgerichte. Einheimische wie Urlauber schätzen das zarte Lammfleisch mit der besonderen Geschmacksnote. ›Présalé‹, vorgesalzen, ist das Fleisch, weil die Tiere mit Meersalz angereichertes Gras fressen. Als wohl größter Fan dieser Delikatesse galt der ehemalige französische Staatspräsident Jacques Chirac.

Auch das hiesige Rindfleisch ist für seine ausgezeichnete Qualität bekannt. Wild findet seinen Weg dagegen eher selten in die Töpfe. Mitunter stehen aber Reh *(ree)*, Dünenkaninchen *(duinkonijn)*, Fasan *(fazant)* und Ente *(eend)* auf der Speisekarte. Immer wieder wird der Gast auf der *menukaart* auf das Wort *stoofpotje* stoßen. In solch einem ›Schmortopf‹ findet sich vom Reh über Rind, Kalb und Lamm alles bis zum Fisch, immer mit viel Gemüse und Kartoffeln gut durchgeschmort – es ist einen Versuch wert.

Ei- und Milchprodukte

Besondere Erwähnung verdient der Pfannkuchen, der nicht wegzudenken ist aus der holländischen Küche und auf den Inseln oft in sehr kreativen und überraschenden Variationen auf den Teller kommt.

Einen hervorragenden Ruf genießen durch die Bank auch die Milchprodukte der Inseln: Egal ob es sich um die Sahne handelt, in der die Muscheln geköchelt werden, die fette Crème fraîche, die als Klacks neben dem Kalbsfilet landet, oder die leckeren Käse, insbesondere von Schaf und Ziege.

Vegetarische Vielfalt

Vegetarier können auf den *waddeneilanden* übrigens aufatmen: Jedes Café oder Restaurant bietet mindestens zwei bis drei auf sie zugeschnittene, oft kreative Gerichte und mitunter komplette Menüs an.

›Tussendoortjes‹

Belegte Brötchen sind die meistgeliebten *tussendoortjes*, die ›Zwischendurchleins‹ also. Von altem Gouda über Mozzarella und Lachssalat bis hin zum knackigen Grün mit Ei und Tomaten variieren die möglichen Beläge.

Wer etwas Herzhafteres möchte, sollte den Fischständen einen Besuch abstatten. Ein Garnelenbrötchen oder ein *hollandse nieuwe* (frischer, roher Hering) stillt den Hunger, vielleicht kombiniert mit einer riesigen sauren Gurke, einer *zure bom*. Um wirklich satt zu werden, empfiehlt sich eine Portion *patat*, wie Pommes hier heißen. Mit der Formel *patatje met* werden Pommes Mayo geordert, bei *patatje oorlog* werden Pommes und Zwiebeln in Mayonnaise und Erdnusssauce *(pindasaus/ satésaus)* getränkt. Weitere sehr beliebte Snacks sind *frikandellen* (frittierte Würstchen ohne Darm), (Fleisch-)Kroketten, *kaassoufflé oder* Hamburger.

Wer so gegen fünf Uhr nachmittags ein *borreltje*, einen Schnaps, zu sich

nehmen will, sollte unbedingt eine *borrelgarnituur* bestellen. Zu einem Stückchen Gouda bekommt man dann u. a. Ochsenwurst und *bitterballen* (panierte, frittierte Ragoutbällchen).

Alkoholisches

Auf den Inseln hat man sich auf das Herstellen von Kräuterlikör und -bitter spezialisiert: Tesselschade, 't Juttertje, Kees Boontje, Kleintje van Geert (mit 18 Kräutersorten!) und Nobeltje sind nur einige der beliebten Marken.

Weitere Spezialitäten sind auf Terschelling der Beerenburg (Genever mit Kräutern) und der Cranberrywijn, der auch auf Vlieland produziert wird. Auf einigen Inseln braut man eigenes Bier, insbesondere auf Texel, u. a. eines mit dem schönen Namen »'t Licht van Troost«.

Alkohol wird in den Niederlanden abgesehen von Wein und Sherry übrigens nicht im Supermarkt, sondern in einem Spezialgeschäft verkauft, der *slijterij*.

Übrigens: Selbst am Strand müssen Sie nicht auf *lekker eten gaan* verzichten. Das ›Essen auf Pfählen‹ in den **Strandpavillons** macht es möglich. Vom Eis und leckeren Kartoffelstäbchen über typisch holländischen Apfelkuchen bis zum kompletten Menü bieten die meisten eine breite Palette an. Einige haben ganzjährig geöffnet, die übrigen ca. von den Oster- bis zu den Herbstferien, danach werden sie abund im nächsten Frühjahr wieder aufgebaut. Im Strandpavillon kann man übrigens stundenlang hocken und lesen und aufs Meer schauen und einen Kaffee bestellen und ein Bier und …

Reiseinfos von A bis Z

Anreise

Auto

Das holländische Autobahnnetz ist sehr dicht und gut ausgebaut. Je nach Ausgangspunkt empfehlen sich die Achsen Oldenburg–Groningen (A7)–Leeuwarden (A31) bzw. Abschlussdeich (A7) und Landstraße bis Den Helder; Arnhem–Apeldoorn–Zwolle–Groningen (A28) oder Leeuwarden (A32) bzw. Abschlussdeich (A7) und Landstraße bis Den Helder; Utrecht–Lelystad–Leeuwarden (A6/A32) bzw. Abschlussdeich (A7) und Landstraße bis Den Helder; Den Haag/Utrecht–Amsterdam–Den Oever (A7)–Landstraße nach Den Helder bzw. Abschlussdeich (A7)–Leeuwarden.

Bahn und Bus

Die Fährhäfen Den Helder (Texel; über Amsterdam oder Utrecht) und Harlingen (Terschelling, Vlieland; über Groningen oder Leeuwarden) sind ans Eisenbahnnetz angeschlossen; in Harlingen fahren die Züge tagsüber sogar bis zum Hafen. Sowohl in Harlingen als auch in Den Helder sichern Anschlussbusse die reibungslose Verbindung von und zum Schiff. Ebenso wie vom Groninger oder Leeuwarder Bahnhof nach Holwerd (Ameland) und Lauwersoog (Schiermonnikoog) und zurück.

Zwar ist 2011 landesweit die Chipkart für den öffentlichen Nahverkehr eingeführt worden, doch bilden die Watteninseln (noch) eine Ausnahme. Auf den Inseln soll demnächst das sogenannte E-ticket gültig werden, das Fähre und Bus einschließt und auch online gekauft werden kann.

Achten Sie auf Sparpreisangebote, z. B. Europa-Spezial zwischen 19 und 39 € pro einfacher Fahrt (2. Klasse). Für die bequeme Anreise über Amsterdam empfiehlt sich auch die CityNightline (›Pegasus‹ ab Zürich über Südwestdeutschland, ›Pollux‹ ab München, ›Eridanus‹ ab Wien, Fahrradmitnahme möglich, Tel. 01805 14 15 14, zu buchen in allen DB-Reisezentren, Reisebüros mit DB-Lizenz oder im Internet unter www.citynightline.de).

Infos: www.bahn.de, www.ns.nl, Tel. 00 31 20 620 66 (international).

Fähre

Jedem Inselbesuch geht eine mehr oder minder lange Schifffahrt voraus. Denn: Die Inseln sind nur mit der Fähre zu erreichen bzw. Vlieland und Terschelling zusätzlich mit dem (teureren) Schnellboot. Spätestens eine halbe Stunde vor Abfahrt sollte man am Anleger sein, insbesondere Autofahrer.

Die beiden kleineren Inseln sind autofrei, d. h. man muss den Wagen am Kai stehen lassen. Wer seinen Wagen mit nach Ameland oder Terschelling nehmen möchte, muss – insbesondere für den Sommerurlaub – monatelang im Voraus reservieren. Allein für die Fähre nach Texel ist keine Reservierung notwendig und möglich. Im Sommer werden auf einigen Routen bei Bedarf Zusatzfähren eingesetzt.

Wagenborg Watertaxi (www.wadtaxi.nl) bietet einen interessanten Service an: Ein schnelles Wassertaxi (zu buchen genau wie ein normales Taxi) stellt die Verbindung zwischen dem Festland und den Inseln, zwischen den Inseln und auch zu den deutschen Nordseeinseln sicher. Die drei Schiffe liegen in Lauwersoog und auf Ameland. Preisbeispiel: Holwerd–Ameland, einfache Fahrt p. Pers. 25 €, Minimumpreis 100 €.

In allen Häfen ist es möglich, sein Auto auch für einen längeren Zeitraum zu parken. Nahezu alle Parkplätze und Parkhäuser sind jedoch gebührenpflichtig – und hier wird in der Regel ordentlich zugelangt: bis zu 6 €/Tag (Recherche lohnt aber, die Tagestarife variieren stark; Infos bei den jeweiligen VVVs oder den entsprechenden Reedereien).

Einreisebestimmungen

Deutsche, Schweizer und Österreicher können sich mit einem gültigen Reisepass/Personalausweis bis zu drei Monaten in den Niederlanden aufhalten.

Zollbestimmungen: Zollfrei bei der Ein- oder Ausfuhr innerhalb der EU-Staaten bleiben Waren für den persönlichen Bedarf (800 Zigaretten, 90 l Wein, etc.). Für Angehörige von Nicht-EU-Ländern gelten folgende Beschränkungen: 200 Zigaretten, 2 l Wein oder 1 l Spirituosen. Devisen dürfen nur in einer Höhe von bis zu 10 000 € ein- oder ausgeführt werden.

Feiertage

1. Januar: Nieuwjaar (Neujahr)
März/April: Goede Vrijdag (Karfreitag), Paaszondag (Ostersonntag), Paasmaandag (Ostermontag)
30. April: Koninginnedag (Geburtstag der Königin)
5. Mai: Bevrijdingsdag (Tag der Befreiung von den Deutschen Ende des Zweiten Weltkriegs)
Mai/Juni: Hemelvaartsdag (Christi Himmelfahrt), Pinksterzondag (Pfingstsonntag), Pinkstermaandag (Pfingstmontag)
Weihnachten: Kerstmis

Feste und Festivals

Im Sommer jagt eine Veranstaltung die nächste: von Floh- und Trödelmärkten über Kirmesrummel bis zu Volleyballturnieren am Strand und offenen Ateliertagen. Mit Dia-Abenden, Exkursionen, Volkstanzaufführungen und traditionellen Vorführungen wie Ringstechen bemüht man sich, den Gästen die Inseln nahezubringen. In puncto Musik ist von ausgezeichneten klassischen Konzerten über Shanty- und Chormusik bis zum Big-Band-Sound alles vertreten.

Ameland

Klassiker-Wochenende: April. Alte Wagen aus der Zeit von 1945 bis 1975 rollen über die Insel.
Handwerkertag: Juni, Ballum, s. S. 98
Mittsommerfest: Ende Juli, Buren, s. S. 101
Rôggefeest: August, Nes, s. S. 100
Kunstmonat: November. Zeitgenössische Kunstausstellungen und Aktivitäten.

Schiermonnikoog

Zang- en Muziekconcours: Juni. Mehr als 30 Musikkorps und Chöre.
Schullefeest: alle 2 Jahre im August (2012), s. S. 110
Internationales Kammermusikfestival: vier Abende im Okt.

Terschelling

Oerol Festival: Mitte Juni, überall auf der Insel, s. S.79
Sint Jan: 25. Juni, Midsland, s. S. 86
Volkstanzgruppen: im Sommer. Auftritte an diversen Orten.
Makrelen räuchern: Juli, Midsland, s. S. 86
Rock'n'Roll Street: Ende Aug./Anfang Sept., Midslands, S. 86
Veemarkt: September, Midsland, s. S. 86

Texel

Broadway – Wohnzimmertheater-Festival: Pfingsten, Den Hoorn, s. S. 33
Folkloremarkt: Juli/Aug., Den Burg, s. S. 45
Hoornder Donderdag: Juli/Aug., Den Hoorn, s. S. 33
Tropical Sea Festival: Ende August, De Koog, s. S. 39
Schafzuchttag: Sept. Den Burg, s. S. 45
Texel Culinair: Sept., De Koog, s. S. 39
Texel Blues Festival: Den Burg, s. S. 50

Vlieland

Donnerstagabend-Aufführung: In der Saison tritt an jedem Donnerstagabend eine andere Vlieländer Gruppe auf, so der Gesangsverein, die Musikkapelle Vlielandse Fanfare, die Jugend-Schlagzeugband und Volkstanzgruppen.

Geld

Landeswährung ist der Euro. 1 € entspricht 1,36 CHF bzw. 1 CHF entspricht 0,73 €.

Es gibt auf allen Inseln Geldautomaten, an denen mit Kredit- und Maestro-Karte Bargeld abgehoben werden kann. Kreditkarten werden fast überall akzeptiert; in vielen Läden kann man mit der Maestro-Karte bezahlen.

Gesundheit

Behandlungskosten werden von der Krankenkasse gegen Vorlage der Arztrechnung teilweise erstattet (Infos bei der jeweiligen Versicherung). Die Auslandskarte (EHIC), die gesetzlich Versicherte von ihrer Krankenkasse erhalten, erleichtert die Abrechnung von Arzt- und Krankenhauskosten. Eine zusätzliche Reisekrankenversicherung ist zu empfehlen.

Ärzte und Apotheken bzw. Hausärzte mit eigener Apotheke gibt es auf allen Inseln, allerdings keine Krankenhäuser. Im Notfall werden Kranke per Schiff oder Hubschrauber aufs Festland gebracht. Über diensthabende Ärzte bzw. Apotheken (mit grünem Kreuz gekennzeichnet; in der Regel Mo–Fr 9–18 Uhr) informieren die jeweiligen Zeitungen.

Informationsquellen

Für Deutschland, Österreich und die Schweiz

Niederländisches Büro für Tourismus & Convention: Postfach 27 05 80, 50511 Köln, Tel. aus Deutschland: 0221 925 71 70, Tel. aus Österreich und der Schweiz: 0049 221 925 71 70, Fax 0049 221 925 71-737, www.niederlande.de, Mo–Fr 10–13, 15–17 Uhr (Callcenter).

Auf den Watteninseln

Die **VVVs** (Verkehrsbüros; s. Reiseteil) sind die zentrale Anlaufstelle für alle Fragen rund um die Inseln. Hier kann man Broschüren und Karten erwerben (z. T. gratis; viele auf Deutsch), Unterkünfte buchen (telefonisch, per Internet oder vor Ort) und sich für Exkursionen und Veranstaltungen anmelden.

Im Internet

Landeskennung Niederlande: nl
www.niederlande.de: Die offizielle Seite des Niederländischen Büros für Tourismus (NBTC) bietet allgemeine Informationen zu den Niederlanden, zur Küste, zum Wattenmeer, zu den einzelnen Inseln und den Naturparks, natürlich auch auf Deutsch – und zwar ausführlich und vielseitig.

www.nordseeinseln-holland.de: Zusammenschluss der fünf VVVs der Watteninseln. Infos zu den Inseln, zu Veranstaltungen, Inselhopping, Fährverbindungen, Unterkünften, Wattenmeer, Weltnaturerbe, Broschüren bestellen, Fotos und Videos.

www.op-????.nl: Unter dieser Adresse (statt der Fragezeichen den Inselnamen eingeben, also z. B. www.op-vlieland.nl) finden Sie tagesaktuelle Last-Minute-Angebote für Unterkünfte.

www.vvvameland.nl, www.vvv schiermonnikoog.nl, www.vvvter schelling.nl, www.texel.net und **www.vlieland.net:** Die Verkehrsbüros der Inseln, die VVVs, sind mit einem ausführlichen Angebot, Texel auch auf Deutsch, im Internet vertreten. Neben allgemeinen Infos zur jeweiligen Insel bieten sie Last-Minute-Angebote, Hotelarrangements und Direktbuchungen von Unterkünften an, außerdem den aktuellen Wetterbericht, z. T. spezielle Kinderseiten mit interaktiven Spielen, Rezepte, Webcam u. v. m.

www.?????.nl: Unter dieser Adresse (z. B. www.vlieland.nl) halten die Gemeinden vielfältige Infos bereit – auf Niederländisch.

www.waddensea.org: Interessante Infos zum Thema Wattenmeer; z. T. auf Englisch.

www.weeronline.nl und **www. trafficnet.nl:** aktuelle Wetter- bzw. Verkehrsvorhersage für den innerniederländischen Verkehr in der Landessprache.

Kinder

Die Watteninseln sind das ideale Reiseziel für Familien mit Kindern. Die Insulaner sind sehr kinderfreundlich und entsprechend gut auf die kleinen Gäste eingestellt. Die Hauptattraktion für Kin-

der ist der schöne, breite Strand mit Badespaß, Burgenbauen und Ballspiel. Dort kann man die Kinder bedenkenlos laufen lassen, keine direkt hinterm Strand verlaufende dicht befahrene Straße stört die Ruhe. Die Kinder können nach Herzenslust spielen, die Eltern sich in aller Ruhe der bereits seit Monaten auf dem Nachttischschränkchen wartenden Lektüre widmen oder einfach in der Sonne dösen.

Eine wirklich praktische Errungenschaft sind die Strandpavillons: Dort kann man immer mal Eis, Pommes oder Getränke holen oder auch für ein komplettes Menü einkehren. Praktisch auch, dass es dort Toiletten gibt (meist nur für Gäste kostenlos!). Selbst wenn die Sonne mal nicht scheint, ist der Strand ein ideales Ausflugsziel: z. B. um Drachen steigen zu lassen oder um Muscheln zu suchen.

Schwimmbäder sorgen dafür, dass Wasserratten auch bei schlechtem Wetter nicht zu kurz kommen.

Unternehmungen: Groß ist die Angebotspalette für die Kleinen aber auch sonst: mit Spielplätzen, speziellen Exkursionen (z. B. Wattwanderungen, Wanderungen durch verschiedene Naturgebiete, lehrreiche Spaziergänge am Strand), Ponyreiten, großen Seeaquarien mit Streichelbecken, Kinderbauernhöfen, Streichelzoos, Traktorfahrten am Strand, Kutterfahrten zu den Seehundbänken, interessanten Museen (z. B. Strandräuber- und Naturkundemuseen) auch für Knirpse und Schauvorführungen auf Bauernhöfen.

Die auf allen Inseln gut ausgebauten Radwegnetze bieten eine weitere Möglichkeit für Ausflüge mit Kindern. In der Regel sind separate Radwege angelegt, man muss den Autoverkehr also nicht fürchten. Nicht unterschätzen sollte man allerdings den mitunter kräftig wehenden Wind. Dann sollte man auf geschütztere Wege im Wald ausweichen. Bei den zahlreichen Radverleihern gibt es immer auch Kinderräder, -sitze und -anhänger.

Im Sommer finden allerorten Märkte und Feste mit Kinderaktivitäten und Kirmisrummel statt.

Praktische Tipps: Essen gehen mit Kindern ist auf den Inseln eine entspannte Angelegenheit. Kinder sind in Restaurants gern gesehene Gäste und müssen nicht darben; neben speziellen *kindergerechten* ist auch für die Infrastruktur gesorgt: Hochstühle, Malblätter und -stifte, Spielplätze und Spielzeug lassen das Essengehen für alle zum Erfolg werden. Auch die Unterkünfte sind gut auf Kinder eingestellt. Ideal sind Ferienhäuser und -wohnungen, die es zuhauf gibt. Kinderstühle und -betten sind fast überall zu mieten. Einige Campingplätze sind besonders auf Familien zugeschnitten. Wer gern im Hotel wohnt, sollte sich eines der größeren Häuser suchen (am besten Apartmenthotels), diese sind meist gut auf Kinder eingestellt (u. a. separate Kinderzimmer, im Sommer spezielle Aktivitäten, evtl. Babysitterservice).

Klima und Reisezeit

Auf den Inseln herrscht das ganze Jahr über ein recht mildes Klima. Im Sommer ist es etwas kühler als auf dem Festland, im Winter etwas wärmer. Die beliebteste Reisezeit für einen Inselurlaub sind die Hochsommermonate Juli und August, wenngleich die Besucherzahlen für Frühjahr, Herbst und Winter wachsen. Denn einerseits lernen immer mehr Touristen den Reiz der anderen Jahreszeiten schätzen, zum anderen bemüht man sich, auch für die übrigen Monate des Jahres ein attraktives Angebot anzubieten.

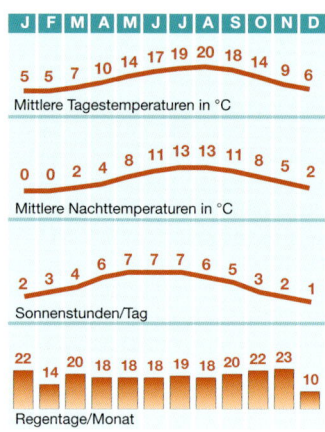

Klimadiagramm De Koog

Im Sommer sind viele Badestrände bewacht. Von den Oster- bis zu den Herbstferien haben die Museen, Unterkünfte und Schwimmbäder garantiert geöffnet. Frühjahr und Herbst ziehen die meisten Naturliebhaber an – nicht zuletzt, weil die besten Monate zum Vogelbeobachten Mai, September und Oktober sind. Der Herbst auf den *waddeneilanden* ist recht lang und verhält- nismäßig warm. Im Winter weht oftmals eine steife Brise, dafür lockt ein großes Kulturangebot. Und der ständig wehende Wind bläst die Regenwolken auch schnell wieder fort, sodass auf den Inseln meist weniger Niederschlag fällt als auf dem Festland.

Kurtaxe

Alle Inselgemeinden erheben Kurtaxe, allerdings ist sie oft im Preis für die Unterkunft oder im Fährticket enthalten. **Kurtaxe/Nacht:** Ameland 1 €, Schiermonnikoog 1,22 €, Terschelling 0,85 €, Texel 1,50 €, Vlieland 1,25 €.

Öffnungszeiten

Die Öffnungszeiten von Banken, Apotheken, Postfilialen, Supermärkten und Läden variieren je nach Insel und Saison stark, manche sind nur wenige Stunden am Tag bzw. nur einige Tage in der Woche geöffnet. Bitte vor Ort informieren (aktuelle Öffnungszeiten auf den kleineren Inseln hängen am VVV aus).
Kernzeiten der Läden/Supermärkte im Sommer: 9/10–12, 14.30–17/18 Uhr.

Auf Texel, Terschelling und Ameland klingelt die Kasse am Freitag bis 21 Uhr *(koopavond);* in De Koog auf Texel sind viele Geschäfte im Sommer immer bis 21 Uhr und auch am Sonntag (9.30 bis 13 Uhr) geöffnet. Auch auf den anderen Inseln gibt es in den Sommermonaten sogenannte *koopzondagen.* Auf Terschelling haben viele Supermärkte von Mitte Juni bis Ende August Mo–Fr bis 20 Uhr, auf Ameland gelegentlich freitags länger geöffnet.

Rauchen

Seit dem 1. Juli 2008 darf in niederländischen Restaurants und Cafés nicht mehr geraucht werden, auf Bahnhöfen und in öffentlichen Gebäuden ist das Rauchen schon länger untersagt.

Reisende mit Handicap

Informationen zu behindertengerechten Einrichtungen gibt es bei den VVVs, die z. T. spezielle Broschüren für Behinderte herausgeben. Falls notwendig, kann eine Betreuung über einen Pflegedienst organisiert werden.

Strandrollstühle, mit denen man auch ins Wasser fahren kann, können ausgeliehen werden (Infos: VVVs, s. Inseln).

Sport und Aktivitäten

Das Angebot an sportlichen Anktivitäten auf den Watteninseln ist riesengroß. Im Anschluss sind die wichtigsten aufgeführt, doch ist noch viel mehr möglich. So kann man u. a. auch Bogenschießen lernen, Beach- und Diskgolf spielen, Buggy fahren, wellenreiten, raften …

Einer der beliebtesten Spots für Kitebuggyfahrer sind die holländischen Watteninseln

Angeln

Auf dem Meer, am Strand und auf dem Deich ist Angeln ohne Schein erlaubt; allerdings mit höchstens zwei Angeln pro Person. Es empfiehlt sich, außerhalb bewachter Strandabschnitte seinem Hobby zu frönen. Wer in Binnengewässern angeln will, braucht eine Lizenz. Auf allen Inseln werden Angelfahrten auf Fischkuttern organisiert.

Fallschirmspringen

Auf Texel und Ameland im Paracentrum an den Flughäfen möglich.

Golf

Wer auch im Urlaub golfen möchte, ist auf Ameland, Terschelling und Texel richtig.

Kanu- und Kajakfahren

Auf allen Inseln werden Touren und/ oder Kurse auf Nordsee und Wattenmeer organisiert.

Radfahren

Alle Inseln verfügen über ein ausgezeichnetes Radwegesystem. Den Weg weisen die sogenannten *paddestoelen* (›Pilze‹). Diese geduckten kleinen weißen, tatsächlich an Pilze erinnernden Wegweiser sind zahlreich über die Inseln verteilt.

Bei den VVVs gibt es ausgezeichnetes Kartenmaterial und Vorschläge für geführte, aber auch auf eigene Faust veranstaltete Touren. Viele Verleiher machen auch den glücklich, der kein eigenes Rad mitbringt.

Sport-Highlights

Ameland/Nordic Walk: im April, 10, 15, 20 km, www.nordicwalkameland.com
Ameland/Beachvolleyball-Turnier: diverse Termine in Juni und Juli in Buren
Ameland/Beach-Rugby-Festival: Wochenende Mitte Juni, internationales Turnier, u. a. Offene Niederländische Meisterschaften am Strand, außerdem Touristen-Turniere, viele Aktivitäten, Infos: www.beachrugby.nl
Schiermonnikoog/Concours Hippique: 2. Mittwoch im Juli, bekanntes Reitturnier, www.concoursschiermonnikoog.nl
Schiermonnikoog/Offene Tennismeisterschaften: letztes Juli-Wochenende, teilnehmen kann jeder, von 8 bis 80 Jahren
Schiermonnikoog/Monnikenloop: Samstag im Okt., über drei Distanzen treten Läufer zum Wettkampf an, der u. a. durch die Dünen führt.
Terschelling/Schaluppen-Ruderwettbewerb: am Tag nach Himmelfahrt, von Harlingen nach Terschelling (30 km)
Terschelling/Berenloop: Sonntag im Nov., Marathon und -Halbmarathon durch Dünen, Wald, Heide und am Strand entlang, www.berenloopterschelling.nl
Texel/Neujahrstauchen: an verschiedenen Strandabschnitten
Texel/Lämmerwanderung: Pfingsten, 5, 10, 15, 25, 40 km, www.hetgouden boltje.nl
Texel/Ronde om Texel: Wochenende im Juni, das größte, sehr gut besuchte Katamaranwettsegeln der Welt, www.roundtexel.com
Vlieland/Halve Marathon Stortemelk: 1. Sonntag im Aug., Campingplatz De Lange Paal, außerdem 10-, 5,5-, 2-km-Läufe., www.halvemarathonvlieland.nl
Vlieland/Neujahrstauchen: 1. Jan. um 13 Uhr am Strandhotel Seeduyn

Reiten

Markierte Reitwege finden sich auf allen Inseln. Auch am Strand ist Reiten möglich, allerdings nur zu bestimmten Zeiten bzw. geführt. Die Manegen (Reitställe) organisieren Kurse und Ausritte, für die Kleinen gibt's Ponys und Spezialunterricht.

Schwimmen

Kapital der Inseln sind ihre Strände: Sie sind kilometerlang, breit, feinsandig, kinderfreundlich und damit Hauptanziehungspunkte für Groß und Klein. Alle Inseln verfügen in der Saison über bewachte Badestrände. Den Anweisungen der *strandwacht* ist unbedingt Folge zu leisten: Denken Sie an starke Strömungen und Priele. Bei Ebbe sollte man auf ein Bad im kühlen Nass verzichten. Vor gefährlichen Strandabschnitten warnen Schilder. Flaggen zeigen an, ob Baden erlaubt ist. Rot bedeutet Badeverbot, Grün Schwimmen erlaubt. Luftmatratzen und Gummitiere dürfen nicht mit ins Wasser genommen werden.

FKK: ist auf Vlieland, Schiermonnikoog und Terschelling außerhalb der bewachten Strände überall, auf Texel nur an zwei Strandstellen (Den Hoorn, südl. Paal 9, und De Cocksdorp, südl. Paal 28) erlaubt, auf Ameland verboten.

Strandhuisjes (kleine, praktische Holzhäuschen), Liegestühle, Sonnenschirme, seit Neuestem z. T. auch Strandkörbe kann man an den bewachten Stränden mieten.

Schwimmbäder sind im Reiseteil aufgeführt. Etliche Hotels bieten auch Nichtgästen die Benutzung ihres Hallenbades (oft mit Sauna und Solarium) an. Infos bei den VVVs.

Segeln und Katamaransegeln

Alle Inseln verfügen über gut ausgestattete Jachthäfen. Wer kein eigenes

Tipps für Schwimmer: Den Lebensrhythmus an der Küste bestimmen die Gezeiten. Tabellen mit *hoog- en laagwatertijden* werden in der Presse veröffentlicht, hängen an den Verkehrsbüros, den VVVs, aus bzw. sind dort als Flyer zu bekommen. An den bewachten Stränden sind sie üblicherweise plakatiert oder auf Kreidetafeln (mit Luft- und Wassertemperaturen) notiert. Ursache für Ebbe und Flut sind die Fliehkraft der Erde und die Anziehungskraft von Mond und Sonne. Um ungefährdet schwimmen zu gehen, sollten einige Regeln beachtet werden: Am besten bei steigendem Wasser, also bei Flut, baden gehen. Baden bei Ebbe und starkem Wind ist gefährlich. Luftmatratzen etc. sind auf allen Watteninseln im Meer verboten, da sie durch die Strömung zu schnell abtreiben können. Man sollte auch nie in der Nähe von Buhnen, Wellenbrechern, Hafenmolen etc. ins Wasser gehen; hier wird ein Sicherheitsabstand von mindestens 40 m angeraten.

Schiff besitzt, kann sich auch einem ein- oder mehrtägigen Törn anschließen, vielleicht auf einem historischen Segelschiff? Katamarankurse kann man auf den Inseln Texel, Vlieland und Ameland belegen.

Surfen, Wind- und Kitesurfen, Strandsegeln und Powerkiten

Der frische Wind garantiert Surfern fast immer ideale Voraussetzungen. Auf den Inseln wird auch allen anderen Sportarten gefrönt, für die Wind nötig ist – davon hat man schließlich genug. Auf allen fünf Inseln stehen Outdoorspezialisten mit einem umfangreichen Programm zur Verfügung. Am besten checkt man vorab online Preise etc.

Sicherheit und Notfälle

Natürlich sollte man auch auf den Inseln nicht allzu leichtsinnig sein und z. B. Wertsachen nicht offen herumliegen lassen; besondere Vorsicht wie z. B. in einigen südlichen Ländern ist hier allerdings nicht geboten.

Wichtige Telefonnummern
Feuerwehr, Polizei, Ambulanz: Tel. 112, **Pannenhilfe:** Wegenwacht, Tel. 088 262 98 88; ADAC-Notruf (Station in Assen), Tel. 0592 39 05 60, **Sperren von Kreditkarten:** Tel. 0049 11 61 16, **von Maestro-, Bank- und Sparkassen-Card:** Tel. 0049 1805 02 10 21, www.sperr-notruf.de

Diplomatische Vertretungen
Deutsche Botschaft: Tel. 070 342 06 00, www.den-haag.diplo.de
Schweizerische Botschaft: Tel. 070 364 28 31, www.eda.admin.ch/den haag
Österreichische Botschaft: Tel. 070 324 54 70, www.bmaa.gv.at

Tennis
Die Tennisanlagen gehören fast immer zu Hotels. Es ist notwendig, frühzeitig zu reservieren.

Wandern, Wattwandern
Ob Rund-, Ein- oder Mehrtageswanderung (auf den größeren Inseln), Familienspaziergang, Wattwanderung, geführte Tour oder Lehrpfad – die Watteninseln sind ein ausgezeichnetes Revier für Wanderer. Verschiedene Organisationen haben markierte Wanderwege angelegt. Infos über die VVVs. Infos zum Wattwandern auch unter: www.nordseeinseln-holland.de.

Wintersport
Sobald es friert, zieht es den *eilander* zur Eislaufbahn: auf zum Volkssport Nr. 1, dem *schaatsen*. Einige Radverleiher verleihen auch Schlittschuhe – und Skier. Denn: Auf allen Inseln wird Langlauf betrieben.

Wellness
Wellnessfans werden auf allen Inseln ein Fleckchen für die Entspannung finden, sei es in den diversen Wellness- und Spa-Bereichen der Hotels, die zumeist auch für Nichtgäste zugänglich sind (Arrangements auch online buchbar), in Beauty- und Wellnesssalaons, Spa- und Massagezentren oder Saunen. Es können selbstverständlich auch komplette Wellnesspakete über die Hotels gebucht werden.

Telefon und Internet

Telefonzellen sind fast ausschließlich mit Kartentelefonen bestückt, diese sind bei der Post und in vielen Tabakläden erhältlich. Wer viel telefoniert, sollte sich eine niederländische Prepaid-Karte besorgen.
Auslandsvorwahlen: nach D 0049, nach A 0043, in die CH 0041.
Vorwahl in die Nl: 0031 + Ortsvorwahl ohne 0 + Rufnummer.
Internet: Möglichkeiten, online zu surfen, bestehen auf allen Inseln, u. a. in Internetcafés auf Texel (De Koog), Ameland (Nes), Schiermonnikoog (Schiermonnikoog-Dorp) und Vlieland (Vlie-

land-Dorp), auf Terschelling (West) in der Bibliothek.

Verkehrsmittel

Mit Bus und Taxi

Von den Fährhäfen bestehen gute Busverbindungen zu den Inseldörfern; in der Regel mit direktem Anschluss an die Fährzeiten (Auskunft: Tel. 0900 92 92, 0,70 €/Min., www.9292ov.nl). Außerdem stehen bei Ankunft der Fähren Taxis/Sammeltaxis und Hotelbusse bereit. Auch unabhängig vom Fährbetrieb sind die Busverbindungen gut; auf einigen Inseln werden Nachtbusse eingesetzt (Fahrpläne sind zumeist in den Touristenmagazinen abgedruckt bzw. beim VVV erhältlich; Infos auch www.9292 ov.nl).

Mit dem Auto

Besucher von Vlieland und Schiermonnikoog müssen ihre Autos in den Fährhäfen stehen lassen (Infos unter den jeweiligen Inseln), auf den anderen Inseln ist die Pkw-Mitnahme erlaubt.

Straßenverkehr: Die Höchstgeschwindigkeit beträgt 50 km/h in Ortschaften, 80 km/h auf Landstraßen und 100 km/h auf Autostraßen (120/km auf Autobahnen). Es besteht Anschnallpflicht und eine Promillegrenze von 0,5. Bei Verkehrsverstößen und Falschparken drohen hohe Geldbußen.

Kraftstoff wird in Holland als *gasolie* (Diesel), *euro* (bleifreies Super, 95 Oktan) und als *superplus* (98 Oktan) angeboten.

Mit dem Fahrrad

Dem *fiets* gebührt eine Extra-Erwähnung. Es ist *das* Fortbewegungsmittel auf den Inseln überhaupt. Da Vlieland und Schiermonnikoog ohnehin autofrei sind, bleiben einem dort nur das Rad und die eigenen Füße. Aber auch auf Texel, Terschelling und Ameland ist man gut beraten, das Auto bereits auf dem Festland stehen zu lassen (Infos s. S. 18). Engmaschige Rad- und auch Wandernetze stehen überall zur Verfügung (Infos zu Leihfahrrädern, Routen, Fahrradwegen etc. unter den einzelnen Inseln).

Der Umwelt zuliebe – nachhaltig reisen

Die Umwelt schützen, die lokale Wirtschaft fördern, intensive Begegnungen ermöglichen, voneinander lernen – nachhaltiger Tourismus übernimmt Verantwortung für Umwelt und Gesellschaft. Die folgenden Websites geben einige Tipps, wie man seine Reise nachhaltig gestalten kann, und bieten Hinweise auf entsprechende Reiseangebote in der ganzen Welt.

www.sympathiemagazin.de: Länderhefte mit Infos zu Alltagsleben, Politik, Kultur und Wirtschaft sowie Themenhefte u. a. zu Umwelt und Globalisierung.

www.zukunft-reisen.de: Das Portal des Vereins Ökologischer Tourismus in Europa erklärt, wie man ohne Verzicht umweltverträglich und sozial verantwortlich reisen kann.

Watteninseln »nachhaltig«: Das Auto bleibt am besten auf dem Festland. Auf den Inseln ist das Fahrrad das Fortbewegungsmittel der Wahl. Ein gutes Netz öffentlicher Verkehrsmittel hilft beim Verzicht auf den Pkw. Bioprodukte von den Inseln zu kaufen, ist ein weiterer Beitrag, den Touristen leisten können.

Unterwegs auf den Holländischen Nordseeinseln

»Die Ruhe, die Texel ausstrahlt, macht deinen Kopf frei«, erklärte vor Jahren einmal der Amsterdamer Journalist Frits van Exter. »Das Leben erscheint auf einmal so übersichtlich.« Und wirklich, die Inseln stellen Besucher nicht vor allzu große Entscheidungen. Die Tage sind ausgefüllt mit einfachen Dingen: nachsehen, ob das Meer noch da ist, Spaziergängen am Strand, Muscheln sammeln, in einem Priel plantschen, Wanderungen durch die Dünen, den Wind durch die Haare pfeifen lassen. So hat sich Texel, so haben sich die Watteninseln in unseren Herzen einen unangefochtenen Stammplatz erobert.

Texel

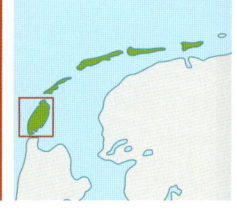

»Tessel« – wie die Holländer es aussprechen – ist die älteste, mit Abstand die größte (25 km lang, max. 8 km breit), die am schnellsten zu erreichende und am meisten besuchte Watteninsel. Die Palette an Aktivitäten scheint hier sommers wie winters grenzenlos. Dem Trubel ausweichen kann, wer etwas abgelegen wohnt, De Koog und Den Burg links liegen lässt, die kleineren Orte vorzieht und mit Rad (135 km langes Radwegenetz) und Wanderschuhen (240 markierte Kilometer) die Naturschutzgebiete besucht. Auch Reiter finden auf Texel sehr schöne Wege vor.

Texels Naturparadiese machen mit 68 km² mehr als die Hälfte der Gesamtfläche aus. An der Westseite ziehen sich von Nord nach Süd z. T. mehrere hundert Meter breite Dünenketten hin: Bollwerke, die vor den unermüdlich gegen die Küste anrennenden Nordseewellen schützen sollen. Unter dem Namen De Duinen van Texel stehen sie unter Naturschutz. Zum Naturschutzgebiet gehören im Westen auch Feuchtgebiete, kleine Seen und Heideflächen sowie ein ausgedehntes Waldgebiet. Im Osten Texels hängt das Vogelschutzgebiet De Schorren, eine Salzwiese mit einzigartiger Vegetation, als kleines Anhängsel an der Insel. Weitere Vogelschutzgebiete schließen sich südlich und westlich an. Texels Landschaft ist vielfältig, und die Insel trägt nicht umsonst den Titel »Niederlande im Kleinen«, da hier alle Landschaftsformen des Landes vertreten sind.

Dem Neuankömmling präsentiert sich die Insel erst einmal ländlich – nichts zu sehen von Urlauberhochburgen und Teeniehorden. Die Fahrt zu einem der sieben Dörfer führt vorbei an Wiesen, Maisfeldern und Äckern, die von Frühjahr bis Frühsommer in Gelb, Lila, Rot und Weiß zu explodieren scheinen. Auf sattem Grün tummelt sich Schafe, Schafe und nochmals Schafe. Auch auf den Deichen trifft man auf große und kleine Wollknäuel – fast 14 000 Schafe, zu denen sich im Frühjahr rund 11 000 Lämmer gesellen. Einwohner zählt die Insel auch ›nur‹ knapp 14 000. Texel, das gut vom Tourismus lebt, hat stets an Ackerbau, Fischerei und Blumenzwiebelzucht festgehalten. Schon früh verdienten die Einheimischen ihr Geld mit dem Meer. Seit dem 15. Jh. liefen Schiffe die Reede von Texel an. Lotsen- und Proviantwesen blühten. Wal- und Austernfang bescherten den Fischern im 19. Jh. ein gutes Auskommen.

Den Hoorn ► Karte 2, D 13

Das Wahrzeichen Den Hoorns, die weithin sichtbare kleine Kirche mit schlankem weißem Turm, ist besonders im Frühling ein beliebtes Fotomotiv, wenn sie in ein Meer von Narzissen und Tulpen gebettet ist. Bis ins 19. Jh. lag im Zentrum des südlichsten Inseldorfes, das 1398 auf der Erhebung 't Klif errichtet wurde. Nachdem die im 17. Jh.

boomenden Erwerbsquellen – Schiffe-lotsen, Fischerei, Seefahrt – den Dorf-bewohnern kein Auskommen mehr bo-ten, verließen viele Familien den Ort, die Häuser verfielen und wurden schließlich abgerissen. Die Kirche stand nun nicht mehr im, sondern vor dem Dorf (Tel. 0221 31 92 36, Mitte Juni–Mitte Sept., Herbstferien Do 14–16 Uhr).

Im Herzen Den Hoorns (knapp 1000 Einw.) erinnern drei stilecht restaurier-te **Lotsenhäuser** an der Herenstraat an die einst hier ansässigen Berufs-stand. Aneinandergereihte, liebevoll hergerichtete alte Häuschen mit grü-nen Holzgiebeln rechts und links der Hauptmeile **Klif** und **Herenstraat** ver-breiten eine heitere, friedvolle Atmo-sphäre. Der Tourismus hat hier in be-scheidenerem Maße Einzug gehalten als in den anderen Orten – das Dorf ist ein Tipp für Ruheliebende, die überdies eine Schwäche für kulinarische Genüs-se haben. Darüber hinaus hat sich Den Hoorn den Ruf des ›Kulturdorfes‹ auf Texel erarbeitet.

Übernachten

Rundum verwöhnt – **Bij Jef:** Heren-straat 34, Tel. 0222 31 96 23, www.bij jef.nl, DZ ab 300 €. Im alten Pfarrhaus im Dorfkern wurde ein kleines, feines Hotel mit modernen, stilvollen Zimmern eingerichtet; nur buchbar in Kombinati-on mit einem Dinner im Sternerestau-rant (s. Essen); Gartenterrasse.

Im Herzen des Dorfes – **Loodsman's Welvaren:** Herenstraat 12, Tel. 0222 31 92 28, www.welvaarttexel.nl, DZ ab 90 €. Schöne, über 200 Jahre alte Her-berge mit geschmackvollen, modernen Studios für 3 und mehr Personen, 12 DZ (Dusche/Bad, WC); Pub und Bistro mit Schiffsinventar; schöne Terrasse; mit Restaurant, Sauna, Fahrradverleih.

Ruhig am Dorfrand – **Op Diek:** Diek 10, Tel. 0222 31 92 62, www.opdiek.

nl, DZ ab 82 €. Gemütliches Hotel am Dorfrand in reetgedecktem ehemaligem Bauernhaus mit 19 hellen, schlichten Zimmern (Dusche/Bad, WC). Sauna, Bar, Frühstücksbuffet, Südterrasse, Garten.

Gut ausgestattet – **Camping Loods-mansduin:** Rommelpot 19, Tel. 0222 31 72 08, www.texelcampings.nl, En-de März–Ende Okt. Zweitgrößter Platz der Insel, ruhig und windgeschützt im Dünengürtel zwischen Ort und Strand. Mit Restaurant, Schwimmbad, Spiel-, Tennisplatz, Waschsalon, Fahrradver-leih; für Familien und Gruppen. Sepa-rater FKK-Teil. Es werden auch schöne **Wanderhütten** (42 €/Nacht) und coole **Jurten** (www.texelyurts.nl) ver-mietet.

Essen und Trinken

Ausgezeichnet – **Culinaire Verwen-nerij Bij Jef:** Adresse s. Übernachten, Mi–So ab 18 Uhr, Hauptgerichte 40 €, 4–7-Gänge-Überraschungs-Menüs 65–90 €. Im stilvollen Restaurant kann man sich die preisgekrönte raffinierte fran-zösische und mediterrane Küche schmecken lassen; erlesene Weine. Sehr schöne Terrasse hinterm Haus.

Vorhang auf – **Theater-Restaurant Klif 12:** Klif 12, Tel. 0222 31 96 33, www.klif12.nl, Dinner-Cabaret April–Okt. Mi, Fr, Sa, Nov.–März Sa, Hauptge-richte 18 €, Theatermenü 25 €, Dinner-Cabaret-Menü 47 €. In einer schön res-taurierten Bauernscheune würzt das Personal des Theater-Restaurants seine à-la-carte-Speisen mit einem Cabaret-Programm, das auch deutschen Gästen zugänglich ist. Während des Dinners wird gesungen, getanzt, gesteppt und nebenbei serviert. Regelmäßige Auftrit-te von bekannten holländischen Klein-künstlern.

Gemütlich und lecker – **Café-Eethuis Klif 23:** Klif 23, Tel. 0222 31 95 15, www.klif23.nl, Di–So ab 11 Uhr, Hauptgerichte ab 11 €, Pizza, Pfannkuchen ab 6 €. In dem behaglichen alten Haus werden u. a.125 Pfannkuchensorten, Lammfleisch- und Fischspezialitäten serviert. Tipp: *stoofpotjes,* Eintöpfe. Verarbeitet werden viele Inselprodukte. Mit Wintergarten und Sonnenterrasse.

Einkaufen

Demeterhof – **Novalishoeve:** Hoornderweg 46, Tel. 0222 31 94 82, www.novalishoeve.nl, Di–Sa 10.30–16 Uhr. Mehr als 140 Produkte aus eigener Herstellung im Hofladen, u. a. verschiedene Milchprodukte (z. B. texelscher Boerenkaas) und eine hofeigene Eisspezialität, verschiedene Sanddornprodukte und Kosmetika. Im Laden und auf der Terrasse kann man auch lunchen oder Kaffee trinken. Diverse Workshops.

Ausgehen

Mehr als 1500 Whisk(e)ys – **Bar Restaurant Het Kompas:** Herenstraat 7, Tel. 0222 31 93 60, www.whiskybarplaza.nl, tgl. 16–22 Uhr, Menü ca. 45 €. Im stilvollen Ambiente des kleinsten Inselrestaurants (22 Sitzplätze) kann man aus mehreren Karten wählen: Musik-, Kaffee- und Speisekarte. Die Leidenschaft des Besitzers tritt offen zu Tage: Im Ausschank sind fast 1600 Scotch Single Malt Whiskys und 65 irische Whiskeys. Leckere Lammfleisch-, Dünenkaninchen- und Fischgerichte.

Sport und Aktivitäten

Strand – sehr breit, feinsandig, kinderfreundlich, bei Paal 9, 12, 15 bewacht (Juni–Anfang Sept.; bei Paal 9 ganzjährig mit sehr gutem **Strandpavillon,** www.paal9.nl; Kiosk, Verleih von Sonnenschirmen, Liegen, Windschutz, Body Boards, Strandhäuser), ca. 500 m südl. von Paal 9 **FKK-Strand.**

Windsurfen/Surfen – außerhalb des bewachten Strandes erlaubt.

Seekajak – **Seamount Tracks Zeekajak & Outdoor Centrum:** Rommelpot 19 (Camping Loodsmansduin), www.seamount.nl. März–Nov. ein-/mehrtägige Kurse; außerdem diverse Ausflüge.

Radverleih – **Vermeulen:** Herenstraat 69 und am Fährhafen, Pontweg 1 und 2 (hier auch Verleih von **Solex-Mofas,** www.solextexel.nl).

Radfahren – **Blumenzwiebelroute:** Die südliche, 34 km lange Blumenzwiebelroute startet am Fährhafen. Entlang der großen Narzissen- und Tulpenfelder

Sehen nicht nur hübsch aus, sind auch sehr praktisch: die Strandhäuschen bei Den Hoorn

führt die Route. Routenbeschreibung: www.texel.net. ›**ATB-Route**‹: eine der besten holländischen MTB-Routen, Start: Parkplatz Turfveld, Westerslag.

Wandern – Gute Ausgangspunkte sind die Parkplätze an Hoornderslag und Mokweg. **Wanderwege** sind durch Pfähle mit farbigen Kuppen gekennzeichnet; grün markierte Wege von März–Mitte Aug. nicht betreten! **Texelpad:** ca. 80-km-Wanderung um Texel, gelb-rote Markierungen, Start: 't Hoorntje (Fähranleger), www.texel.net.

Handwerkerzentrum – **Landgoed De Bonte Belevenis:** Rommelpot 11, Tel. 0222 31 41 80, www.landgoeddebontebelevenis.nl, Mitte Feb.–Mitte Nov. Di–Do, Sa 10–17 Uhr, in den Ferien s. Website, 5 €. Vorführung von Handwerkerberufen wie Bäcker und Bierbrauer. Spiel-/Minigolfplatz, Kinderbauernhof, Obst- und Insektengarten. Mit Cafeteria, Picknickwiese.

In der Umgebung

Dünenseen Horsmeertjes und De Geul (▶ Karte 2, D 13): Ausgangspunkt für Wanderungen ist der 2,5 km südlich von Den Hoorn gelegene Parkplatz am Mokweg. Vom Aussichtspunkt hier bietet sich ein schöner Blick auf De Geul, das zum Naturdenkmal erklärt wurde, und die dort brütende Löfflerkolonie. Auch bei den Horsmeertjes gibt es einen guten Aussichtspunkt mit Blick auf die artenreiche Vogelwelt. Im Mai und Juni säumen Hunderte von Orchideen die noch recht jungen Horsmeertjes, und im Schilfrohr der Seen ziehen Silbermöwen ihre Jungen auf. Im Spätsommer essen sich die Singvögel an den Sanddorn-, Holunder- und Brombeersträuchern satt (Infos zu geführten Wanderungen bei EcoMare, s. S. 37).

Im nahen Schlick-Salzwiesengebiet **Mokbaai** (▶ Karte 2, D 13) lassen sich gern Limikolen und Enten nieder.

Infos und Termine

Bus: Linie 29 vom Fährhafen
Toeristendagkaart Texel: 1 Tag gültige Touristenkarte für alle Buslinien (Mo–Fr ab 9 Uhr, Sa/So unbegrenzt), 4 €, beim Busfahrer erhältlich, bereits gültig ab Bahnhof Den Helder (Linie 33).
Neujahrstauchen: u. a. am Paal 9.
Broadway – Wohnzimmertheater-Festival: an Pfingsten. Über 25 Familien gestalten ihre Wohnzimmer zu Minitheatern um – für 20 bis 60 Zuschauer.
Klifhanger – Kunstroute: an Pfingsten (alle 2 Jahre, 2011, 2013 etc.), www.klifhanger.nl. Überall im Dorf werden Kunstwerke ausgestellt, die einen Bezug zur jeweiligen Location haben müssen. Die meisten Werke bleiben bis zum 10. Juli an ihrem Platz.
Hoornder Donderdag: im Juli/Aug. donnerstags ab 19 Uhr Festmarkt. Es werden u. a. alte Handwerke gezeigt.
Texel Halve Marathon: im Sept. Spektakulärer Massenstart von der Fähre; der Halbmarathon endet in Den Burg; www.texelhalvemarathon.nl.

De Koog ▶ Karte 2, D 11/12

Das in der Mitte der Insel gelegene und nur durch zwei Dünenreihen vom Nordseestrand getrennte Dorf (knapp 1400 Einw.) ist unbestritten das Zentrum des texelschen Tourismus. Das Kapital De Koogs ist zweifelsohne die wunderschöne Umgebung – es liegt eingebettet in Wald, Dünen und Strand. Seine verkehrsberuhigte Fußgängerzone, die **Dorpsstraat,** bietet alles, was das Urlauberherz begehrt: Sie ist Shoppingmeile und Herz des Amüsierbetriebs De Koog und nachts besonders bei jüngerem Publikum gefragt. Im Sommer ist der Ort laut, bunt, quirlig, unterhaltsam, mitunter nervig, aber nie langweilig. Im Winter hingegen wirkt er verlassen.

Heute weisen nur noch die hübsche kleine **Kirche** mit dem weißen Holzturm (1719) und das benachbarte Häuschen darauf hin, dass De Koog nicht erst für den Tourismus aus dem Boden gestampft wurde, sondern Jahrhunderte zuvor ein florierendes Fischerdorf war.

Ecomare `direkt 1` ▶ S. 35

Übernachten

Superlage in der äußersten Dünenreihe – **Strandhotel Noordzee:** Badweg 200, Tel. 0222 31 73 65, www.noordzee.nu, DZ ab 145 €, Suiten ab 650 €/Woche. Große DZ (Bad/Dusche, WC) und Suiten z. T. mit Meerblick. Terrasse; Wintergarten-Restaurant, leckere Fisch- und Lammgerichte, ab 16 €.

Zentral mit viel Platz – **Hotel Greenside:** Stappeland 6, Tel. 0222 32 72 22, www.hotelgreenside.nl, DZ ab 125 €. Freundlicher, moderner 4-Sterne-Komplex mit 49 großen DZ (32–45 m²; Balkon/Terrasse; Bad/Dusche, WC) am Ortsrand, 600 m bis zum Strand; gutes französisches Restaurant (Gerichte ab 18 €), Grand Café; türkisches Dampfbad, Sauna; Solarium und Hydro-Jet; Fahrradverleih.

Ländlich-ruhig gelegen – **Landgoed Hotel Tatenhove:** Bosrandweg 202, Tel. 0222 31 72 74, www.hoteltatenhove.nl, DZ ab 100 €. Sehr schön gelegenes familiäres Hotel mit Garten nahe Reitställen und Schwimmbad, 1 km vom Strand entfernt; Aufenthaltsraum mit offenem Kamin; gute Küche (HP zzgl. 12,50 €); gut ausgestattete Zimmer (Bad/Dusche, WC), fast alle mit Balkon/Terrasse. Sauna, Jacuzzi, Solarium.

Wellness in den Dünen – **Grand Hotel Opduin:** Ruijslaan 22, Tel. 0222 31 74 45, www.opduin.nl, DZ ab 90 €,

Suiten ab 270 €. Das 4-Sterne-Hotel liegt traumhaft am Ortsrand in unmittelbarer Waldnähe und direkt in den Dünen; Blick aufs Meer; mit sehr geräumigen Zimmern, z. T. mit Balkon, jeder Menge Komfort, schöne Familiensuiten; mit Beauty-/Wellnessresort Beau Rivage, großem Sport- und Freizeitangebot, u. a. Hallenbad, Sauna, Solarium. Zwei erstklassige Restaurants mit texelschen und internationalen Spezialitäten (De Heeren XVII: Hauptgerichte ab 31,50 €, angemessene Kleidung; Opduin: 3-Gänge-Menü 34,50 €) und einer Brasserie (Hauptgerichte ab 16,50 €).

Dünenidyll – **Texelcamping Kogerstrand:** Badweg 33, Tel. 0222 31 72 08, www.texelcampings.nl, April–Ende Okt. Größter und ausgesprochen schöner Platz, ruhig und windgeschützt im Dünengürtel zwischen Ort und Strand; sehr gut ausgestatteter Platz für Familien, Jugendliche und Gruppen; im Sommer mit Animationsprogramm.

Essen und Trinken

Siehe auch Übernachten: **Strandhotel Noordzee**, **Hotel Greenside**, und **Grand Hotel Opduin**.

Frischer Wind in der Küche – **De Taverne:** Dorpsstraat 119–121, Tel. 0222 31 75 85, www.tavernetexel.nl, Mi–So ab 17 Uhr, Gerichte ab 20 €, 3-Gänge-Menü 32,50 €. Unter der Regie von Küchenchef Valentijn ist das Restaurant wieder ein echter *aanrader* geworden – mit ausschließlich tagesfrischen Produkten, einer wöchentlich wechselnden Karte und u. a. ausgezeichneten Lamm-, Fisch- und saisonal Wildgerichten.

Gute lokale Produkte – **Quinty's:** Dorpsstraat 147, Tel. 0222 31 74 72, www.quintystexel.nl, tgl. ab 11.30 Uhr, Hauptgerichte ab 17 €, ▷ S. 38

1 | Den Seehunden sei dank–
60 Jahre Ecomare

Karte: ▶ Karte 2, D 12 | **Lage:** knapp 3 km südlich von De Koog am Dünensaum

Die Stars des Zentrums für Wattenmeer und Nordsee sind nach wie vor die Seehunde, die Grund für seine Entstehung waren. Was mit einer Baracke begann, ist heute eine Anlage von gewaltigen Dimensionen mit drei ständigen und einer wechselnden Ausstellung, einem gigantischen Meeresaquarium, einer Vogelpflegestation und einem Außengelände mit Dünenpark. Und wenn Sie mögen, können Sie sogar einen Seehund adoptieren!

Anschaulich und spannend – so kann ein Museum auch sein! **Ecomare** , das Zentrum für Wattenmeer und Nordsee, ist der Beweis dafür. Das Naturmuseum informiert mit drei ständigen Ausstellungen und einer Wechselausstellung über Entstehung und Entwicklung von Insel, Wattenmeer und Nordsee, Flora und Fauna sowie das Leben und

Arbeiten der Insulaner durch die Jahrhunderte – interaktiv, überraschend und auf herrliche Weise spannend.

Von Katzenhaien, Quallen und Seesternen

Ein echter Clou ist der unterirdische **Wassersaal** mit Fischbassins, Streichelbecken und Infos rund ums Wasser. Möchten Sie mal einen Rochen streicheln? Eine glitschige, aber nichtsdestotrotz spannende Sache. Die neuesten Bewohner hier sind rund 30 Ohrquallen, die man vom Frühjahr bis zum Herbst überall am Strand und in der Nordsee findet – keine sehr beliebten Meeresbewohner allerdings. In einem Extra-Aquarium werden diese Tiere aber in ein völlig neues Licht gesetzt.

Tierische Stars

Ecomare ist übrigens auch **Vogelauffangstation:** Hier werden verletzte und ölverschmierte Vögel versorgt.

Highlight des Museumsbesuchs aber sind die Seehunde. Fütterungen finden um 11 und um 15 Uhr in den schönen neuen Becken im Außengelände statt. Wer Ecomare heute sieht, mag es kaum glauben: Die erste **Seehundauffangstation** der Niederlande nahm ihren Anfang 1952 in einer Baracke. Neben kranken und geschwächten Tieren werden hier auch Heuler aufgepäppelt, die ihre Mutter verloren haben. Täglich werden Unmengen an Fisch herangekarrt, wovon jedes Tier 3–5 kg vertilgt.

Für einige ältere Tiere ist die Station eine zweite Heimat: Der Bestand hat sich auf ca. 20 Seehunde eingependelt. Dass sie sich sehr wohl fühlen, ist unschwer an der konstanten Zahl von jährlich sechs bis acht hier geborenen Seehundbabys zu erkennen. Ende Juni/Anfang Juli kommen die Seehunddamen nieder und versorgen ihre Jungen mit Muttermilch, die so fett ist wie Schlagsahne. Übrigens: Die gemütlichen Gesellen können gut und gerne ein halbstündiges Nickerchen unter Wasser machen und gleiten mit bis zu 30 km/h elegant dahin. Heute leben im holländischen Wattenmeer ca. 1200 Exemplare. Bei besserer Wasserqualität und mehr Ruhe könnten es mehr als zehnmal so viele Tiere sein. Ab 4 € im Monat können Sie übrigens einen Seehund adoptieren.

Die Qual der Wahl …

Ecomare hat noch so viel mehr zu bieten, dass man sich entscheiden muss, ob man drinnen oder auf dem Außengelände weitermacht. Oder gleich einen ganzen Tag einplant … In der Ausstellung **Blick aufs Meer** erfährt man beispielsweise, wer sich alles auf der Nordsee tummelt, was auf ihr alles transportiert wird, und wie, wo und wie viel Müll ins Meer kommt. Unter dem Thema **Leben auf einer Insel** lernen wir alles über die Geschichte Texels, können ein Mega-Insel-Puzzle legen oder uns seine Zukunft ausmalen. Im angeschlossenen **Besucherzentrum Nationalpark Dünen von Texel** gibt es u. a. ein riesiges Wand-Comic zu den Dünen und ihrer Entstehung zu ›lesen‹. Und wer einmal mit einem sonst eher scheuen Löffelreiher schmusen möchte, der ist hier auch richtig …

Unterwegs in den Dünen

Im angeschlossenen 70 ha großen **Dünenpark** warten drei Rundwege auf Besucher (1–3,5 km). Wer mag, kann sich an einem der Picknicktische in den Dünen mit einem mitgebrachten Lunch oder später im hauseigenen **Restaurant** stärken. Jetzt bleibt noch der Blick auf die riesigen Modelle der Meeresbewohner oder vom **Aussichtspunkt** auf das hügelige Gelände und den kleineren Gästen im Besuch auf dem eigens für sie angelegten **Lehrspielplatz.** Und wem das noch nicht reicht: Ecomare bietet zahlreiche Spaziergänge, (Watt-)Wanderungen und Radtouren an.

Übrigens: Auch für Rollstuhlfahrer, Sehbehinderte und Blinde ist der **Naturpfad Alloo** geeignet (Ausgangspunkt z. B. bei EcoMare). Der 4,5 km lange, auf 2,7 km verkürzbare Pfad führt durch Wald, Dünen und das Gebiet des ehemals großen Dünensees Alloo, der heute zu einem kleinen Weiher geschrumpft ist. Es geht vorbei an Vogelbrutgebieten, dem Standbild des Naturforschers Jac. P. Thijsse und am **Schmetterlingsgarten** 2 des **Maartenhuis,** dessen Pflanzen die Falter besonders anziehen (Ruyslaan 81, Mo–Fr 14–16.30 Uhr, mit nettem Laden; Mitte Mai–Mitte Sept. Di Markt mit Führung, Kinderbelustigung, Café).

Wer mag, darf Hand anlegen: Das Streicheln der Fische ist erlaubt

Infos und Öffnungszeiten

Ecomare/Besucherzentrum Nationaal Park Duinen van Texel 1:
Ruyslaan 92, Tel. 0222 31 77 41,
www.ecomare.nl, tgl. 9–17 Uhr, 9 €;
Veranstalter zahlreicher Exkursionen;
Selbstbedienungsrestaurant.

Sehenswertes in der Nähe

In einem 100 Jahre alten Bauernhof ist
die beeindruckende Strandgutsammlung des **Schipbreuk- en Juttersmuseum Flora** 3 aus mehr als 70
Jahren untergebracht. Bojen, ganze
Schiffsteile, Rettungsringe, Anker, Taue
etc. (Pontweg 141, Tel. 0222 32 12
30, www.juttersflora.nl, Mo–Sa 10–
17 Uhr, 4 €, warme Getränke vor Ort).

Entspannt essen gehen

Gute saisonale Küche direkt am Strand
bietet **Strandpaviljoen De Zeester**
1 (Tel. 0222 31 76 14, www.paal17.
com, Öffnungszeiten s. Website, mit
großer Terrasse und Kiosk, Gerichte ab
18 €). Ebenfalls ideal für Familien mit
Kindern: **Catharinahoeve** 2 und **De
Worsteltent** 3. Die Restaurants sind
in alten Bauernhöfen untergebracht
und bieten draußen und drinnen viel
Platz zum Spielen (Catharinahoeve:
Rozendijk 17, Tel. 0222 31 21 56,
www.catharinahoeve-texel.nl, gute

bodenständige und regionale Küche,
ab 14 €, weitere Kinderaktivitäten; De
Worsteltent: Smitsweg 6, Tel. 0222 31
02 88, ausgezeichnete kreative Küche,
ab 16 €, im Sommer So ab 14 Uhr
Livemusik, auch nettes **Hotel De 14
Sterren**, www.14sterren.nl, DZ ab
120 €). Alle Lokale haben auch Snacks
und Pfannkuchen (ab 4 €) im Angebot.

Aktiv am Strand

Bei Paal 17 finden Urlauber neben der
Surfschule Ozlines 1 (www.ozlines.
com) die **Zandbank Texel** 2 (www.
actiefoptexel.nl), die Strandsegeln,
Powerkiten, Seekajak/-kanu, Kitebuggy und Coast Raften anbieten. Das
passende Outfit dazu gibt's bei **Beach
active** 1 (www.beachactive.nl).

3-Gänge-Menü 26,50 €. Helles, freundlich eingerichtetes Restaurant mit Spielecke und alttexelscher Gaststube. Texelsche, mediterrane und mexikanische Saisonküche aus lokalen Produkten.

1a Fisch – **Viscentrum van Beek:** Dorpsstraat 109, Tel. 0222 31 73 30, Mitte März–Ende Okt. Mo–Sa, Snacks ab 4 €. Frischer, geräucherter und gebackener Fisch (ausgezeichnet: *kibbeling*, frittierter Seelachs), Fischbrötchen.

Einkaufen

Leckere Backwaren – **Timmer:** Dorpsstraat 90, Tel. 0222 31 32 02, www.bakkertimmer.nl, Mai–Ende Okt. auch So geöffnet, Filialen in Oudeschild und Den Burg. Spezialitäten: Honig-, Pfeffer-, Kräuterkuchen, ›Krüstchen‹ mit Ingwer, Spekulatius, Hoornderring.

Schöner Flohmarkt – **Kofferbakmarkt:** auf dem Parkplatz vor dem Schwimmbad, Tel. 0222 31 76 52, Mai–Okt. diverse Termine, 9–13 Uhr.

Krimskramsmarkt – **Braderie:** Dorpsstraat/Nikadel, Juli/Aug. Di 12–19 Uhr. Mit Musik, Artisten, Kinderspaß.

Wochenmarkt – im Sommer dienstags.

Ausgehen

Amüsiermeile Dorpsstraat – Am Anfang der Dorpsstraat liegt die Disco **De Toekomst** (Nr. 22, www.toekomsttexel.nl, im Sommer tgl. ab 22.30 Uhr) mit Licht-, Laser- und Videoshow, etwas weiter die Cocktailbar **Talk of the Town** (Nr. 74, www.talktexel.nl), das gemütliche **Café De Kuip** (Nr. 75, Livemusik, Billard, Dart) und in Nr. 146 die **Brasserie SamSam** u. a. mit Musik der 1980er-/1990er-Jahre.

Sicher heimkommen – **Borrelbus:** ab Nikadel (Lidl) So früh um 3.45 Uhr nach Den Burg, De Waal, Oosterend und Oudeschild, 3 €. Bus für Nachtschwärmer.

Sport und Aktivitäten

Strand – sehr breit, feinsandig, kinderfreundlich; bei Paal 17, 19, 20, 21 bewacht (Juni–Anfang Sept.; sehr schön: die **Strandavillons,** die z. T. ganzjährig geöffnet haben; z. T. mit Kiosk, Shop und Verleih von Sonnenschirmen, Liegen, Windschutz, Strandhäusern).

Schwimmparadies – **Calluna:** Schumakersweg 3, Seitenweg 16, Tel. 0222 31 78 88, www.zwemparadijscalluna.nl, in den Ferien tgl. 12–20 Uhr, übrige Zeiten s. Website. Wellenbad, Whirlpools, Sauna, türkisches Dampfbad, Solarium, Bar, Imbiss; Highlight: 85 m lange Wasserrutsche; **Minigolfanlage.**

Windsurfen/Surfen – gute Spots; außerhalb der bewachten Strandabschnitte erlaubt. Surfschule Ozines, s. S. 37.

Segeln – erlaubt bei Paal 15/17. Kurse und Verleih: **Katamaransegelschule Westerslag:** am Strand bei Paal 15, www.kzvwtexel.nl, Mitte Mai–Mitte Sept., und **Zandbank Texel,** s. S. 37.

Radverleih – u. a. **Bruining:** Nikadel 60; **Fiets Inn Texel:** Nikadel 75; **Kikkert:** Badweg 19.

Wandern – **Sommeltjespad** für Kinder: Start am Pelikaanweg, Seitenweg 14, 1,5 km langer Waldweg mit kleinen Figuren.

Reitställe – **Kikkert:** www.manegekikkert.nl, und **Elzenhof:** www.manegeelzenhof.nl, beide am Bosrandweg, Seitenweg 16. Auch Strandausflüge.

Karting – **Indoorkarting De Koog:** 't Stappeland 2, www.kartingdekoog.nl, tgl. 10–18/22 Uhr. Überdachte Go-Kart-Bahn, 2 **Squashplätze.**

Planwagenfahrt – **Jan Plezier:** s. S. 63

Infos und Termine

Internetcafé: Hotspot Texel, Badweg 3, www.hotspottexel.com.

Bus: 26, 28, 827 (im Sommer) vom Fährhafen; Tageskarte: s. S. 33.

Neujahrstauchen: 14 Uhr, Paal 20.

Island Samba: Sa im Juli. Die besten holländischen DJs legen am Strand auf..

Body & Brein Texel: Wochenende Anfang Aug. Sport- und Gesundheitsspektakel am Strand, auch Workshops; www.bodyenbreintexel.nl.

Tropical Sea Festival: Wochenende Ende Aug. Soul und karibische Klänge, leckere Cocktails; www.tropicaltexel.nl.

Texel Culinair: Wochenende im Sept. Kulinarisches Fest, auf dem die Restaurants an Straßenständen ihre Spezialitäten anbieten; www.texelculinair.nl.

Den Burg ▶ Karte 2, D/E 12

Den Burg ist das größte Dorf der Insel mit inzwischen ca. 7000 Einwohnern. Aus der einstmals kleinen Siedlung ist heute ein reges Verwaltungs-, Geschäfts- und Einkaufszentrum geworden, **direkt 2▶** S. 40.

Übernachten

Traditionshaus – **De Lindeboom** **1**: s. S. 43

Auch für Familien – **Hotel-Brasserie Den Burg** **2**: Emmalaan 2–4, Tel. 0222 31 21 06, www.hoteldenburg.nl, DZ ab 80 €. Geschmackvoll eingerichtete Herberge aus Alt- und Neubau am Stadtrand mit Terrasse vor und hinter dem Haus; komfortable Zimmer (Bad/Dusche, WC, z. T. mit Whirlpool und Terrasse), auch für Familien; Sauna, Solarium; Früstücksbuffet, Brasserie und Bar.

Ideale Lage – **Fletcher Hotel-Restaurant Koogerend** **3**: Kogerstraat 94, Tel. 0347 75 04 01, www.hotelkoogerend.nl, ab 60 €. Gemütliches Haus mit freundlichen, einfachen Zimmern (z. T. mit Bad/Dusche, WC, Whirlpool) 300 m vom Zentrum; üppiges Früstücksbuffet; mit Terrasse, Garten, Bar und Restaurant mit sehr guter Küche, wechselndes 3-Gänge-Menü 23 €.

Moderne Jugendherberge – **Stayokay Texel** **4**: Haffelderweg 29, Tel. 0222 31 54 41, www.stayokay.com/texel, März–Okt., sonst Wochenende, Ferien und n. V., ab 24 € pro Nacht. Die 2006 eröffnete gemütliche Herberge liegt fußläufig zum Ort. 2-, 4- oder 6-Bettzimmer mit Dusche/WC. Zahlreiche Spiel- und Sportmöglichkeiten; Bar und Restaurant (kein Lunch). Guter Service.

Familienfreundlich – **Vakantiepark De Koornaar** **5**: Grensweg 388, Tel. 0222 31 29 31, www.koornaar.nl, April–Okt. Gut ausgestatteter Campingplatz am Waldrand; 3,5 km bis Den Burg, 2,5 km zum Strand; mit Spiel-, Sportplatz, Kantine, Waschsalon und Fahrradverleih. Vermietung von Chalets.

Essen und Trinken

Es gibt auch diverse **Imbisse.** Weitere Restaurants s. Übernachten.

Ungewöhnliche Tapas – **'t Schoutenhuys** **1** (im De Lindeboom): s. S. 43

Mit Liebe gekocht – **Tessels Kwartier** **1**: Zwaanstraat 6, Tel. 0222 32 22 14, www.tesselskwartier.nl, Jan.–Okt. Do–So ab 18 Uhr, Gerichte ab 17,50 €. Kleines, sehr gemütliches Restaurant in Marktplatznähe – nichts für den schnellen Hunger. Spezialität: Lammschulter in Sauce mit geröstetem Knoblauch; auch Spareribs und Fisch.

Lamm, Rippchen und gutes Bier – **De Twaalf Balcken** **2**: Weverstraat 20, Tel. 0222 31 26 81, www.12balcken.nl, Mo–Do 10–1.30, Fr 10–3, Sa 10–4, So 17–1.30 Uhr, Hauptgerichte ab 13 €. Typische ›braune‹ Kneipe mit dunklem Holzmobiliar und langer Theke in der Fußgängerzone; unter den zwölf Balken und im Wintergarten gibt's Lamm und Spareribs in verschiedenen Variationen; hierher kommt man auch, um an der Bar ›nur‹ ein Bier zu trinken.

Gute texelsche Küche – **Eetcafé Vincent** **3**: s. S. 63   ▷ S. 44

2 | Charmante Inselschönheit – Texels Hauptort Den Burg

Karte: ▶ Karte 2, D/E 12 | **Cityplan:** S. 44

An sonnigen Tagen versprüht Den Burg ein beinahe südländisches Flair: Trubel und Stimmengewirr auf allen Plätzen und in den schmalen Gassen, eine Anzahl liebevoll restaurierter Häuser mit schönen Giebeln, eine Vielzahl kleiner Lädchen und Kneipen, gut besuchte Tische und Stühle in den Cafés und auf den Terrassen – willkommen in der Inselkapitale! Wer montags kommt, dem sei auch der quirlige Markt empfohlen, dem Gast am Abend das kleine, aber feine Nightlife-Programm.

Das zentral im Inselinneren gelegene Den Burg ist mit seinen kanpp 7000 Einwohnern der größte Ort Texels. Seine zentrale Stellung hat die heutige Inselkapitale, die einst auf eiszeitlichen Lehmhügeln errichtet wurde, erst nach dem Verfall des noch zu Beginn des

14. Jh. bedeutendsten Inseldorfes De Westen erhalten. Schnell entwickelte sich Den Burg dank der texelschen Reede (s. S. 47) zu einer lebhaften Kleinstadt.

Im Zweiten Weltkrieg wurde dem Ort übel mitgespielt: Ganze Häuserzeilen wurden zerbombt. Beim Wiederaufbau bewies man nicht immer ein glückliches Händchen. Aber noch immer gibt es im Stadtkern eine Reihe liebevoll ausstaffierter Häuser mit schönen Giebeln, die schon ein paar Jahrhunderte auf dem Buckel haben. Die Lage im Inselinneren hat dem Ort gut getan, denn die meisten Urlauber nehmen ihr Quartier in Strandnähe.

Durch den ›Hinterausgang‹ in den Dorfkern

1415 erhielt Den Burg die Stadtrechte verliehen – schon damals hieß der Ort De Burgh oder De Burch. Wenige Jahre zuvor hatte er einen kreisförmigen, schützenden Burgwall mit einer 30 m breiten Gracht erhalten, der sich noch heute am Stadtbild ablesen lässt, obwohl beide – Burgwall und -gracht – längst verschwunden sind. Im Zentrum, im inneren Burgwall, wohnten damals die Bessergestellten: die Lehrer, Kaufleute, Handwerker, der Pfarrer etc.

Startpunkt des kleinen Spaziergangs ist der Parkplatz an der Drijverstraat. Über die schmale Gasse mit dem netten Namen **Achterom,** was so viel wie ›hintenrum‹ oder ›Hintereingang‹ bedeutet, ist flugs die Weverstraat, die Straße der Weber, erreicht – heute eine *der* Einkaufsstraßen Den Burgs. Hier links. Nach ca. 30 m findet sich auf der rechten Seite ein idylischer alter, hübsch bepflanzter **Innenhof** **1**, der von kleinen weißen Häuschen umstanden ist. Ein Postkartenmotiv par excellence!

Alltag im 19. Jahrhundert

Der Weverstraat folgen und immer mal wieder den Kopf heben und einen Blick auf die z. T. schönen (Treppen-) Giebel werfen, wenig später liegt rechts der belebte **Stenenplaats**, den etliche Geschäfte und Lokale mit netten Terrassen säumen. An Wasserpumpe und Kastanienbaum vorbei, ist in der Kogerstraat 1 die **Oudheidkamer** **2** erreicht. Dieses älteste Haus des Dorfes (1599) stand außerhalb der Burggracht und war nur über eine Zugbrücke zu erreichen. Es diente einst der Unterbringung von Armen und Fremden, die außerhalb des Zentrums bleiben sollten, um keine Krankheiten nach Den Burg zu bringen. In dem einstigen Armenhaus – der Spruch über der Tür erinnert noch an diese Zeit – befindet sich heute das Heimatmuseum. Neben Trachten sowie alten Kunst- und Gebrauchsgegenständen sind wechselnde Ausstellungen zu sehen. Hier lebt das häusliche Leben des 19. Jh. wieder auf. Erinnert wird hier auch an das harte Leben der Seemannsfamilien auf der Insel, wenn der Familienvater auf See war oder gar blieb. Hinter der ›guten Stube‹ befindet sich der kleinste öffentliche **Kräutergarten** Hollands.

Giebelsteine erzählen

Texel besitzt übrigens ein eigenes Lichtspielhaus, das **Cinema Texel** **1** in der Gravenstraat. Das Premierenkino kann mit einem engagierten Programm punkten. Wer sich über den Giebelstein am geschmackvollen Treppengiebel des Hauses, einen vergoldeten Frosch, wundert: Einst war hier eine Herberge eben dieses Namens, ›De vergulde Kikkert‹, untergebracht. Giebelsteine zieren übrigens immer wieder die Häuser, sie weisen beispielsweise auf Beruf oder Stand des (ehemaligen) Besitzers hin. So auch in der Gasse **Binnenburg,** einer der ›Shoppingmeilen‹ Den Burgs, wobei dieser Ausdruck für das adrette Städtchen etwas zu überproportioniert scheint. Hier, an Haus Nr. 15, erinnert der schöne Giebelstein aus dem Jahr 1641 an den vermögenden Besitzer, den Tuchhändler Van Goutsberch. Der Giebelstein links davon zeigt die alte Schreibweise des Inselnamens, ›Tessel‹.

Blick von oben auf das Herz Den Burgs

In der Binnenburg liegt auch die **Hervormde Kerk** **3**, die Reformierte Kirche des Dorfes, die den historischen Kern dominiert und auch Burghtkerk genannt wird. Sie entstand im ausgehenden 15. Jh. auf den Fundamenten eines romanischen Vorgängerbaus. Wer den Turm des stattlichen roten Backsteingebäudes erklimmt, wird mit einer schönen Aussicht auf das Zentrum Den Burgs belohnt. Unter einem liegen die typischen Gassen **Warmoesstraat** mit vielen Halsgiebeln, Gravenstraat und

Burgwal sowie der großzügige **Park,** ein ehemaliger Klostergarten. Der wuchtige Kirchenbau wurde übrigens im Zweiten Weltkrieg während des Georgieraufstandes (s. S. 47) ebenso wie die **Rooms-Katholieke Kerk** in der Molenstraat schwer beschädigt. Die Römisch-Katholische Kirche erhielt bei der Restaurierung 1947 ein farbenfrohes Bleiglasfenster, gestiftet aus Dankbarkeit über die Rückkehr der im Krieg von der Insel verschleppten Männer.

Das auffällige Gebäude auf der Ecke, direkt neben der Reformierten Kirche, ist übrigens 1918 im Stil der Amsterdamer Schule erbaut worden. Kennzeichnend hierfür sind u. a. die klaren Linien, die schlichten Baumaterialien – hauptsächlich Backstein, Eisen und Glas – und eine verhaltene Ornamentik.

Von Schafen und Schulzen

Ein paar Schritte noch, und mit **Groeneplaats** und **Vismarkt** ist der Schauplatz des gut besuchten **Montagsmarktes** erreicht, auf dem sich stets ein breites Wochenmarktangebot – guter Käse! – und im Sommer auch allerlei touristischer Krimskrams sowie Kleidung und Spielzeug findet. Bis 1975 fanden auf dem Groeneplaats im Frühjahr große Lämmermärkte statt. Noch heute kann man diesem (Touristen-) Spektakel einmal im Jahr beiwohnen, nämlich am ersten Montag im September. Dann scheinen sich alle Touristen, die auf der Insel sind, gleichzeitig nach Den Burg zu begeben …

Das geduckte Gebäude am Rande vom Vismarkt (hier sind heute öffentliche Toiletten zu finden) diente einst als **Waaggebouw,** als Stadtwaage. Hier wurden die Waren gewogen und dann die zu zahlenden Steuern festgelegt.

Hinter der Waage stößt man auf das hübsch verzierte Haupteingangsportal des alten Rathauses, des **Schoutenhuys** aus dem Jahr 1611. Bis Mitte des

Wie aus einem früheren Jahrhundert: hübsches Innenhofensemble an der Weverstraat

19. Jh. hielten hier die Schulzen, Schöffen und der Bürgermeister den Rat ab. Anstelle des alten Schulzenhauses steht heute das Traditionshotel **De Lindeboom** 1 mit Brasserie und Restaurant **'t Schoutenhuys.** In dem schönen, alten Haus direkt am Marktplatz sitzt man äußerst gemütlich und speist hervorragend. Im Schulzensaal des Hotels ist eine mehr als üppig verzierte Zimmerwand des Amsterdamer Künstlers Andries Warmoes von 1787 zu sehen, die ursprünglich aus dem Hof Brakestein bei Oudeschild (s. S. 49) stammt und 1987 restauriert wurde.

Ein schöner Abschluss des Spaziergangs ist es, im Schoutenhuys bzw. in der nahen Parkstraat in der gemütlichen Kneipe **De Slock** 2 oder im neuen Jugendstil-Grand-Café **De Hollebol** 3 auf einen Kaffee oder ein Bier einzukehren. *Proost!*

Sehenswertes im Zentrum

Oudheidkamer 2 : Tel. 0222 31 31 35, www.oudheidkamertexel.nl, April– Okt. Mo–Fr 11–17, Sa/So 14–16 Uhr, 3 €, Combi Kaart 11 €.

Hervormde Kerk 3 : Turmbesteigung Mo 10–12.30, mittwochs während der Folkloretage 10–17 Uhr.

Rooms-Katholieke Kerk 4 : tagsüber tgl. geöffnet.

Gut schlafen, lecker essen

Neben modernen, komfortablen Doppelzimmern (Bad/Dusche, WC, z. T. Sauna, Whirlpool) bietet das gepflegte Traditionshaus **De Lindeboom** 1 auch eine Brasserie sowie das Restaurant **'t Schoutenhuys** mit großer Terrasse. Hier speist man hervorragend. Ein Tipp: Die *gerechies*, Minigerichte, aus regionalen Produkten entspringen der texelschen Kochkultur, aber auch exotischeren Küchen (Tel. 0222 31 20 41, www.lindeboomtexel.nl, DZ ab 105 €, Hauptgerichte ab 17 €).

Und abends?

Im **Cinema Texel** 1 gibt es 3D-, Arthouse- und Kinderfilme – alles im O-Ton mit Untertiteln (www.cinema texel.nl, Filmmenü im Eetcafé, 23 €). Um die Ecke, in der Parkstraat, locken **De Slock** 2 (Nr. 36, www.deslock. nl., Mo–Fr ab 15, Sa, So ab 12 Uhr, Billard-, Dartspiel, Livemusik) und **De Hollebol** 3 (Nr. 32–34, im Sommer ab 10, im Winter Mo ab 11, Di–So ab 12 Uhr, Livemusik, gutes Essen).

Shoppingparadies Den Burg

Leckeres fürs Ferienhaus oder daheim: Nüsse und Südfrüchte, Käse, Kaffee und Tee gibt's bei **De Notenstolp** 2 in der Weverstraat 74; Obst, Saft und Marmelade beim **Fruithof De Veen** 3 (Kadijksweg 10, www.fruithofde veen.nl, Mitte Juni–Mitte Okt.); nostalgische Süßwaren hat **Inde Soete Suyckerbol** 4 in der Weverstraat 33 vorrätig; texelsche Kräuterspezialitäten und Bier **De Wit** 6 ein paar Häuser weiter (Nr. 18). Auf süße Versuchungen in bester Qualität versteht sich **Chocolatier Looyer** 9 (Spinbaan 1 A, Tel. 0222 31 31 79) und Käse vom Feinsten offeriert die **Kaasboerderij Wezenspyk** 11 (s. S. 63). Auch wer hübsche Wohnaccessoires mag, wird fündig: bei **'t Land van Texsel** 7 (Waalderstraat 23, im Sommer/Ferien Mo–Sa 10–17, sonst Mo, Mi–Fr 10– 14.30, Sa 10–17 Uhr), **De Blauwe Rafel** 8 (Warmoesstraat 8, im Sommer Mo–Sa 11–15 Uhr, sonst nur Do, Sa) oder **Kees de Wal** 10 (Binnenburg 23, www.keesdewaal.nl). Ein toller Drachenshop ist **Ideaal Texel Vliegerhuis** 5 in der Weverstraat 17.

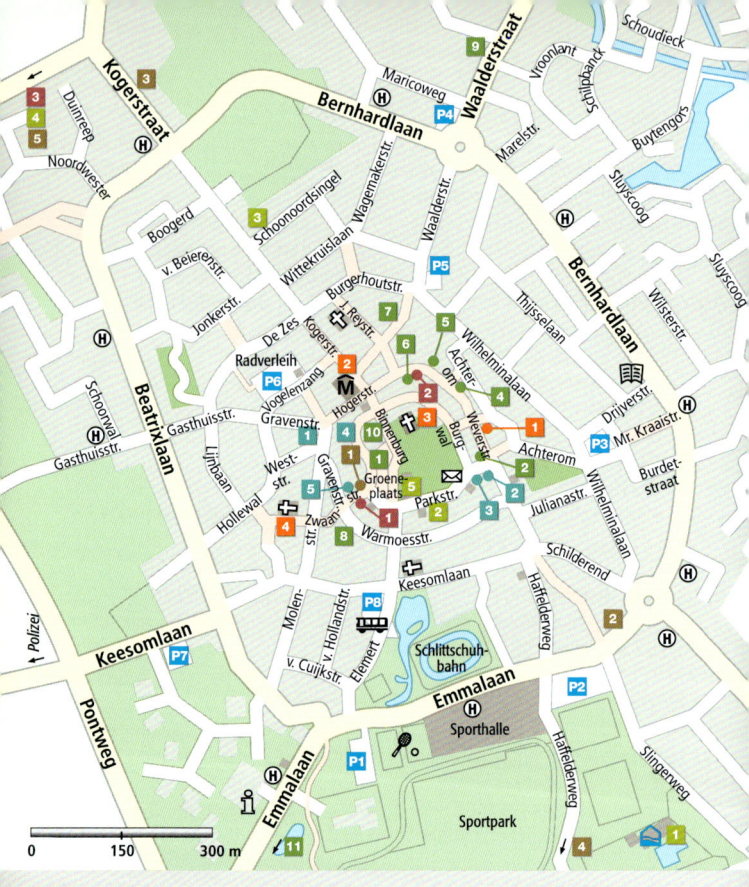

Den Burg

Sehenswert
1 Hof an der Weverstraat
2 Oudheidkamer
3 Hervormde Kerk
4 Rooms-Katholieke Kerk

Übernachten
1 De Lindeboom
2 Hotel-Brasserie Den Burg
3 Fletcher Hotel-Restaurant Koogerend
4 Stayokay Texel
5 V.P. De Koornaar

Essen und Trinken
1 Tessels Kwartier

2 De Twaalf Balcken
3 Eetcafé Vincent

Einkaufen
1 Montagsmarkt auf dem Groeneplaats
2 De Notenstolp
3 Fruithof De Veen
4 Inde Soete Suyckerbol
5 Ideaal Texel Vliegerhuis
6 De Wit
7 't Land van Texsel
8 De Blauwe Rafel
9 Chocolatier Looyer
10 Kees de Wal
11 Kaasboerderij Wezenspyk

Ausgehen
1 Cinema Texel
2 De Slock
3 De Hollebol
4 J'elleboog
5 Musiek Café de Zwaan

Sport und Aktivitäten
1 Zwempark Molenkoog
2 Zegel
3 Kooiman
4 Circuitpark Karting Texel
5 Theaterzelt De Noordkroon

44

Einkaufen

1 – **11** s. S. 42, 43

Von Mitte März bis Ende Okt. haben die Läden am **Koopavond** und am **Koopzondag** länger geöffnet, Fr bis 21, So 12–17 Uhr. Adressen s. S. 43.

Ausgehen

1 – **3** s. S. 43

Abtanzen – **J'elleboog** **4**: Kantoorstraat 11, www.jelleboog.nl, im Sommer tgl. 21–3, sonst Mo–Sa 21–4 Uhr, ab 2 Uhr kein Eintritt. Disco, Café.

Livemusik – **Musiek Café de Zwaan** **5**: Zwaanstraat 6 A, Di–So ab 16, Mo ab 7 Uhr. Musik, Billard, Darts in nettem Ambiente.

Sport und Aktivitäten

Schwimmen – **Zwempark Molenkoog** **1**: Slingerweg 40, Tel. 0222 31 33 73, Ende April–Mitte Sept. Beheiztes Freibad mit toller Rutsche, Tischtennis, Trampolin, Sandkasten, Kiosk.

Radverleih – u. a. **Zegel** **2**: Parkstraat 14; **Kooiman** **3**: Schoonoordsingel 5.

Karting – **Circuitpark Karting Texel** **4**: Akenbuurt 14, www.kartingtexel.nl, tgl. 10–18, Juli/Aug. 10–21 Uhr. Große Go-Kart-Bahn, im Sommer Kinderbahn, Minigolf, Spielplatz, Kantine.

Schaftheater – **Theaterzelt De Noordkroon** **5**: auf dem Montagsmarkt, April–Nov. 8–13 Uhr. Während der Marktzeit gibt Bäuerin Renske Schaftheatervorstellungen.

Radtour – **Oude Landroute**: ausgewiesene Route (lilafarben), Start beim VVV in der Emmalaan; Routenverlauf: Hoge Berg–'t Hoorntje–Den Hoorn–Den Burg; ca. 25 km.

Wracktauchen – **Duikclub Texel**: Tel. 0622 55 15 61, www.duikclubtexel.nl. Sport- und Wracktauchen im Watt und in der Nordsee mit dem clubeigenen Tauchboot RP42.

In der Umgebung

Hoge Berg, Georgierfriedhof, De Zandkuil: `direkt 3` S. 46

Infos und Termine

VVV (Touristinformation): Emmalaan 66, Tel. 0222 31 47 41, www.texel.net, Mo–Fr 9–17.30, Sa 9–17 Uhr.

Orientierung: Auf Texel sind alle Seitenwege *(zijwegen)* durchnummeriert, die vom Pontweg abzweigen, der an der Fähre beginnt. Diese sind zur besseren Orientierung häufig bei Adressen genannt. Die Strände tragen keine Namen, sondern sind entsprechend der Markierungen von Rijkswaterstaat nach Pfählen *(paal)* von Süden nach Norden durchnummeriert.

Internetzugang: Bibliothek, Drijverstraat 7, www.kopgroepbibliotheken.nl.

Busse (alle über Den Burg) haben Anschluss an die Fähre. Der zentrale Busbahnhof befindet sich an der Straße Elmert in Den Burg. Der Busfahrplan ist kostenlos beim VVV erhältlich. Tageskarte: s. S. 33. Auch **Taxis** stehen bei Ankunft der Fähre bereit.

Fähre: im Stundentakt 6–21 Uhr (So/Fei ab 7/8 Uhr je nach Saison), ab 't Horntje, 6,5 km südl. von Den Burg immer zur vollen Stunde, ab Den Helder 6.30–21.30 Uhr (So/Fei ab 7/8 Uhr je nach Saison) immer zur halben Stunde (Karten dort oder online, Reservieren nicht möglich, www.teso.nl), in Stoßzeiten halbstdl. Fahrtzeit ca. 20 Min. Di–Do sind Pkw-Tickets günstiger.

Waddenshantykoren Festival: Ende Juni. Seemannslieder. Infos: www.oude schildervisserskoor-texel.de.

Folkloremarkt: im Juli/Aug. Mi in Den Burg. Volkstanzgruppen in Trachten, altes Handwerk und Produkte der Insel.

Schafzuchttag: 1. Mo im Sept. in Den Burg auf dem Groeneplaats; traditioneller Viehmarkt mit Jahrmarktatmosphäre; s. auch S. 42. ▷ S. 50

3 | Erinnerung an frühere Zeiten – Wanderung im Oude Land

Karte: ▶ Karte 2, E 12/13 | **Route:** ca. 10 km | **Dauer:** mit Abstecher zum Museum Halbtagestour

Wer hätte das gedacht? Texel besitzt einen Berg, den Hoge Berg, 15 m hoch zwar nur, aber von hier hat man einen traumhaften Blick über eines der schönsten Gebiete der Insel. Im umliegenden Landschaftsschutzgebiet kommt man der Geschichte der Insel auf die Spur, dem Georgieraufstand im Zweiten Weltkrieg und den Verteidigungsanlagen aus dem Goldenen Jahrhundert. Auf Ihrem Weg vorbei an Schafscheunen und ihren Bewohnern, an Zaunwällen und durch Hohlwege lernen Sie Texel kennen.

Der Weg von Den Burg zum Fischerdorf Oudeschild führt durch das hügelige Landschaftsschutzgebiet des Hoge Berg, das zum Alten Land, einem der schönsten Gebiete der Insel, gehört. Der Hoge Berg, einer der ältesten Inselteile, ist in der letzten Eiszeit entstanden, als riesige Gletscher Unmengen an Lehm, Kies und Ton aufeinanderstapelten. In diesem beschaulichen Landstrich ist alles vertreten, was früher typisch für das gesamte Oude Land war, im Zuge der Flurbereinigung jedoch mehr und mehr verloren ging.

Schafscheunen und Zaunwälle

Die Felder sind eingerahmt von Wällen; **Schafscheunen** (schapenboeten) und pyramidenförmige Gehöfte sind hübsch über die Landschaft verteilt. Überall beherrschen friedlich grasende Schafe das Bild. Schafscheunen und Zaunwälle haben ihren Ursprung im 17. Jh., einer Zeit, in der die Felder weit von den Höfen entfernt lagen, Lagerraum für Futter und Geräte benötigt wurde und die zerstückelten Parzellen umzäunt werden mussten. Die **Zaunwälle** (tuinwallen), eine texelsche Besonderheit aus aufeinandergestapelten Grassoden, entstanden, weil rund um den Hoge

Berg keine Begrenzungsgräben gezogen werden konnten und es für Zäune auf der Insel kein Holz gab. Zwischen den *tuinwallen*, auf denen kreuz und quer Blumen, Gräser und Sträucher durcheinanderwachsen, ziehen sich unbefestigte Hohlwege quer durch die Landschaft.

Die asymmetrisch gebauten *schapenboeten* dienen bis heute nicht als Ställe für die Schafe – diese gelten als wind- und wetterfest –, sondern nach wie vor als Lagerräume. Die abgeschrägte Seite weist stets nach Westen, damit der meist aus dieser Richtung wehende Wind über sie hinweggehen kann, während der Giebel mit der Heuluke windgeschützt im Osten liegt.

Erinnerungen an alte Zeiten

Wanderungen durch das Gebiet kann man von verschiedenen Bushaltestellen an Pont- und Schilderweg starten, auch Touren von Haltestelle zu Haltestelle, oder von verschiedenen Parkplätzen in Den Burg und Oudeschild. Startpunkt dieser Tour: **Parkplatz am Zwembad Molenkoog** (s. S. 45) am Rand von Den Burg. Hinterm Schwimmbad geht der Slingerweg in zwei Sandwege über, dem linken, dem Slingerwegje, folgen.

Der Pfad führt nach knapp 1 km am **Georgierfriedhof Loladze** [1] vorbei. Hier liegen viele der 565 georgischen Soldaten, Kriegsgefangene der Nationalsozialisten, begraben, die während ihres Aufstandes gegen die deutschen Besatzungstruppen im Frühjahr 1945 gefallen sind. Wer sich intensiver über die Geschichte des sogenannten Russenaufstandes informieren möchte, ist im **Luchtvaart en Oorlogsmuseum** richtig (s. S. 58).

Links in die Straße Zuidhaffel einbiegen und nach wenigen Metern rechts in den Schansweg. Kurz vor dem Deich liegt rechts die imponierende **Festung De Schans** [2], die 1572 im Achtzigjährigen Krieg auf Initiative von Willem van Oranje zum Schutz der texelschen Reede errichtet wurde. 1811 stattete ihr Napoleon einen Besuch ab und ließ sie vergrößern. Von allen drei texelschen Festungen – die nie zum Einsatz kamen – blieb nur De Schans teilweise erhalten. Inzwischen ist das Fort komplett restauriert und kann jederzeit besucht werden.

Die Reede von Texel

Weiter nach Oudeschild (s. S. 50) geht es nun nach links entweder direkt am Deich entlang oder hinter dem Deich über Redoute und Bolwerk – beide Straßennamen erinnern an die einstigen Befestigungen. Bevor man nach ca. 1 km am **Maritiem en Jutters Museum** [3] anlangt, grüßen schon die Flügel der Windmühle De Traanroeier. Diese 1727 gebaute *molen* stand einst im Zaanstreek und wurde für die Walfischtranzubereitung genutzt. Ab 1902 tat sie für knapp 90 Jahre auf Texel ihren Dienst. 1999 rettete eine Stiftung sie vor dem Verfall.; seither drehen sich ihre Flügel auf dem Museumsgelände fast täglich.

Von der Galerie der Mühle hat man einen guten Überblick über das sehr schöne Gelände des im Mai 2011 neu eröffneten und erweiterten Seefahrt- und Strandräubermuseums. In den sehr liebevoll ausgestatteten Gebäuden finden sich u. a. eine Schmiede, eine Fischräucherei, die Werkstatt des Schiffszimmermanns, zwei Fischerwohnungen und im Raum De Noordkaap ein Kutter. Die Ausstellungen zu Unterwasserarchäologie, der texelschen Reede, Seenotrettungswesen, Strandräubern – nahezu täglich erzählt ein ›Strandräuber‹ – sind anschaulich und spannend.

Apropos: Im neuen Eingangsbereich ist ein 18 m langes **Modell der Ree-**

Die Lammetjesroute führt auch durch das Oude Land Texels

de van Texel untergebracht – absolut sehenswert! Ihre große Blütezeit hatten die Reede und mit ihr die Insel im 17. Jh., dem Goldenen Jahrhundert der Niederlande. Die Handelsschifffahrt boomte, alle Schiffe mussten Texel passieren. Da es damals noch keinen Hafen gab, ankerten die Segelschiffe etwa auf der Höhe von Oudeschild vor der Küste und nahmen hier Verpflegung, Trinkwasser und Mannschaften an Bord. Mitunter mussten die Seemänner lange auf günstigen Wind warten, was für die Inselbewohner von Vorteil war …

Fisch, Fisch und nochmals Fisch

Wer nach dem Museumsbesuch nun hungrig ist, schlendere hinüber zum Hafen und weiter zu **Van der Star** 1, der einzigen Fischräucherei Texels, die außerdem leckere gebackene und täglich frische Fische anbietet. Im Imbiss werden gute Fischsalate, eine ›texelsche Bouillabaisse‹, leckere Wattenaustern sowie geräucherte Lachsforellen, Seezungen und Aale aufgetischt.

Eine Fischküche auf hohem Niveau bieten direkt im Hafen **Visrestaurant Brasserie TX** und **Eetcafé Het Voo-**

ronder 2. Beide sind im alten Fährhaus untergebracht, das im Innern mit seiner gemütlichen Atmosphäre besticht. Die Spezialität der experimentierfreudigen Küche von Willem Roeper ist der Seebarsch in Zedernholz! Aber auch die gefüllte Lammschulter weiß zu überzeugen. Die Toplage mit Superaussicht aufs Meer tut ein Übriges.

Längst vergangener Ruhm

Nach der Stärkung geht es parallel zum Deich über die De Ruyterstraat zurück, bis rechts der Weg 't Buurtje abbiegt, der ins Skillepaadje mündet. Ihn kreuzt später der **Skilsloot** 4, ein kleiner Kanal, der während der Blütezeit der Seefahrt ausgehoben wurde, damit kleine Boote vom Wattenmeer zu den Brunnen beim Landsitz Brakestein schippern konnten. Hier nahmen sie Fässer mit Trinkwasser an Bord, womit sie die vor Oudeschild ankernden Schiffe versorgten. Das Wasser soll besonders eisenhaltig gewesen sein, weshalb es auf Seereisen länger frisch blieb. Die Einkünfte aus dem Wasserverkauf flossen ans Waisenheim in Den Burg, weshalb die Quellen Waisenbrunnen, **Wezenputten** 5, genannt wurden. Reste der

Anlage liegen gegenüber vom **Hof Brakestein,** in dem einst die VOC-Generäle logierten.

Die Route kreuzt nun eine befestigte Straße und links vom Weg befindet sich das einzige Insektenschutzgebiet der Niederlande, die Sand- und Lehmgrube **De Zandkuil** 6. Die sonnige Lage am Südhang des Hoge Berg schafft ideale Voraussetzungen für viele Insektenarten, darunter auch seltene Grabbienen und -wespen, die sich zum Nisten in den Sand graben.

Der Riese unter den Zwergen

Nach 300 m führt links ein Fußweg ins Herz des Oude Land. Vom höchsten Punkt – bei nur 15 m Höhe liebevollgroßspurig **Hoge Berg** 7 genannt –, einer Geschiebelehmaufschüttung aus der Eiszeit, hat man einen traumhaften Blick über die ganze Insel. Am befestigten Schansweg angelangt, diesem nach rechts gut 200 m folgen, dann nach links zwischen Weiden hindurch bis zum Slingerwegje gehen. Hier rechts in Richtung Parkplatz einbiegen.

Infos und Öffnungszeiten
Fort De Schans 2: Mai–Okt. Führungen über das Maritiem en Jutters Museum buchbar (ab 10 Personen, 3,50 €).
Maritiem en Jutters Museum (MJM) 3: Barentszstraat 21, Tel. 0222 31 49 56, www.texelsmaritiem.nl, Di–Sa 10–17, So 12–17 Uhr, Juli/Aug. auch Mo, diverse Vorführungen, 6,25 €. Restaurant, Museumsladen, kein Parkplatz (am Hafen parken).

De Zandkuil 6: Infos zu Exkursionen in die Lehmgrube s. Ecomare, S. 37.

Lecker Fisch essen
Vispaleis-Rokerij van der Star 1: Heemskerckstraat 15, Mitte Feb.–Nov, Weihnachtsferien Mo–Sa 9–18 Uhr.
Brasserie TX, Het Vooronder 2: Tel. 0222 31 02 34, 0222 32 10 80, www.havenhoteltexel.nl, tgl. ab 17/11.30 Uhr, Gerichte (Brasserie) ab 20 €, ›Echt Texels Menu‹ (Eetcafé) 25 €.

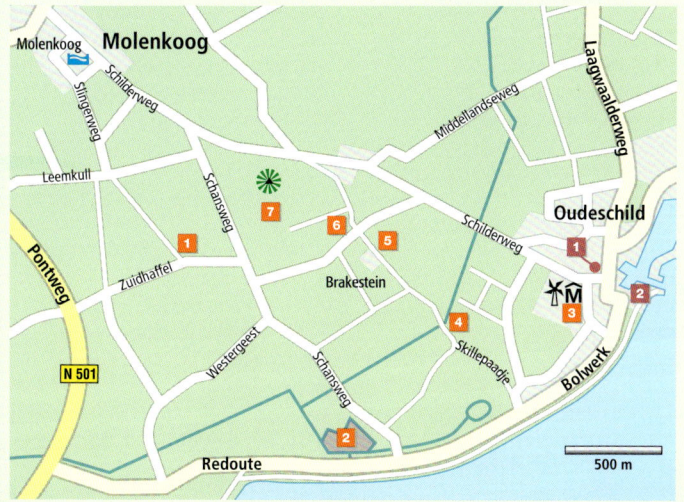

Texel Blues Festival: im Okt. 3-tägiges Festival in Den Burg, besonders die bekannten Bands locken Bluesfans. Infos: www.texelblues.nl.

De Waal ▶ Karte 2, E 12

Das kleinste Dorf der Insel (gut 400 Einw.), das vor langer Zeit einmal am Meer lag, ist nach wie vor agrarisch geprägt; schöne Bauernhäuser säumen idyllische Straßen. De Waal schaut weit aus dem Umland heraus, da es einst (11./12. Jh.) wie Den Burg, Oosterend und Den Hoorn zum Schutz vor dem Meer auf einem Erdhügel erbaut wurde, was am besten vom Bomendiek aus zu sehen ist. Es liegt idyllisch und ruhig. Vor der **Kirche** steht das **Sommeltjes-Standbild**, texelschen Erdmännchen geweiht, die nach Einbruch der Dunkelheit aktiv wurden und unsichtbar waren, so weiß es die Sage.

Cultuurhistorisch Museum

Hogereind 6, Tel. 0222 31 29 51, www.cultuurmuseumtexel.nl, um Ostern–Herbstferien, Di–Sa 10–17, So 13.30–17, Di, Mi 14–16 Uhr Vorführungen in der alten Schmiede, 3,25 € Ein Anziehungspunkt im Ort ist das liebevoll in einem traditionellen Bauernhaus eingerichtete Museum, das einen Einblick in das ländliche Leben um ca. 1900 bietet (landwirtschaftliches Gerät und Werkzeug, alte Fuhrwerke).

Übernachten

Ausgezeichnete Küche – **Hotel-Brasserie Rebecca:** Hogereind 39, Tel. 0222 31 27 45, www.hotel-rebecca-texel.nl, DZ ab 75 €, Küche tgl. 12–21 Uhr, Gerichte 27 €. Sehr hübsches, gemütlich eingerichtetes Stülphaus, ein friesischer Bauernhoftyp, mit 18 Zimmern, alle mit Dusche/Bad, WC, großer Terrasse, Garten; Radverleih. Die Küche punktet mit wenigen, aber raffiniert zubereiteten Saisongerichten.

Sport und Aktivitäten

Radtour – Der VVV hat eine ca. 20 km lange **Rundtour** ab De Waal über Oosterend, Oost und den Wattendeich zusammengestellt.

In der Umgebung

Polder Waal en Burg (▶ Karte 2, D/E 12): nordöstl. von De Waal. Vogelreichstes Gebiet der Insel und für Limikolen das wichtige Futtergebiet.

Infos und Termine

Bus: 29 vom Fährhafen; Tageskarte: s. S. 33.
Halve Marathon De Waal: traditioneller Halbmarathon im März, Infos: s. www.halvemarathondewaaltexel.nl.

Oudeschild ▶ E 13

Das am Wattenmeer gelegene Dorf (gut 1300 Einw.) gibt sich ganz maritim: Im Mittelpunkt steht der Hafen, in dem es geschäftig zugeht, besonders am Freitag, wenn die Fischereiflotte zurückkehrt. Auch sonst ist hier immer viel los, ob im großen Jachthafen, am Kai, wo man Tickets für Kutterfahrten, Hochseeangeln und andere Törns bekommt, oder auf den Café- und Restauranterrassen an den Hafenbecken.

Einst befand sich bei Oudeschild die Reede von Texel, was dem 1600 erstmals erwähnten Dorf eine Blütezeit sondergleichen bescherte. Zahlreiche Lotsen lebten hier, später Austern- und Muschelfischer. 1962 schließlich riefen die Oudeschilder die Kutterflotte ins Leben, eine der modernsten Westeuropas. Das Dorf mit seinen charakteristischen Häusern mit schönen Treppengiebeln ist

Wer die Oudheidkamer in Den Burg, Ecomare bei De Koog und das Maritiem en Jutters Museum in Oudeschild besuchen möchte, dem empfiehlt sich für 11 € die **Combikaart** (erhältlich in den Museen)

hübsch, aber eher unspektakulär. Eine sehenswerte Straße direkt hinterm Deich mit alten, z. T. denkmalgeschützten Häusern ist die **De Ruyterstraat.**

Maritiem en Jutters Museum
s. S. 47

Zeemanskerkje
Trompstraat 60, www.kerkpleintexel. nl, Mai–Ende Sept. Fr 14–17, Juli/Aug. auch Di 14–17 Uhr, Turmbesteigung Viele berühmte Seemänner besuchten die 1650 geweihte evangelische Kirche. An zwei erinnern prächtige Kronleuchter, Gaben der Admiräle Tromp und de Ruyter. 2003 kam ein prachtvolles Schiffsmodell im Kirchenraum hinzu.

Übernachten
Zimmer mit Aussicht – **Havenhotel Texel:** Haven 2, Tel. 0222 31 02 34, www.havenhoteltexel.nl, DZ ab 100 €. 6 freundliche, helle Zimmer mit Blick über den Hafen und das Wattenmeer im alten Fährhaus. Die Räume sind in den Farben der Insel – in Blau- und Sandtönen – eingerichtet. 3 Zimmer mit Loggia, 1 Suite. Größe der Zimmer: 23–47 m². Üppiges Frühstücksbuffet; mit Restaurant und Brasserie TX (s. S. 48). *Familienhotel hinterm Deich –* **De Zeven Provinciën:** De Ruyterstraat 60, Tel. 0222 31 26 52, www.dezeven provincientexel.nl, DZ ab 60 €. Auf historischem Boden bewegt man sich in dieser schönen alten, mitten im Dorf

und nahe am Hafen gelegenen Herberge, in der schon im 17. Jh. berühmte niederländische Seefahrer nächtigten (14 Zimmer, einige mit Dusche/WC); mit Terrasse, Garten, gutem Restaurant (große Kinderkarte, Hauptgerichte ab 13 €, Tapas, leckerer Fisch).

Einkaufen
Bestes Bockbier 2010 – **Texelse Bierbrouwerij:** Schilderweg 214 B, Tel. 0222 31 32 29, www.speciaalbier.com, Verkostungsraum Di–Sa 13.30–18, Führungen Di–Fr um 14, 15, Sa um 14, 15, 16 Uhr (25 Min. vorher da sein), auf Deutsch Mi, Sa um 14.30 Uhr, Öffnungszeiten online checken. Echt texelsches Bier nach alter Brautradition. Mit Biergarten, Probierstube, Terrasse.

Sport und Aktivitäten
Radverleih – **De Jachthaven:** Haven 20 B. **Bets Fietsen:** Houtmansstraat 39. Auch geführte MTB-Touren.
Fahrradtouren – **Bauern- und Fischerroute:** 33 km lange Tour, die über den Deich und durch die Bauernschaften führt; Startpunkt am Hafen, Infos beim VVV in Den Burg (s. S. 45).
Windsurfen – **bei Dijkmanshuizen:** am Clubhaus des Windsurfclubs, Infos: www.windsurfschooltexel.nl.
Segeln auf historischem Lotsenboot – **Texelstroom:** Tel. 0651 79 49 92, www.texelstroom.nl. Tages- oder Stundentörns auf dem Wattenmeer.
Sportfischen – **MS Rival:** Tel. 0222 31 34 10, www.sportvissentexel.nl. **Het Sop:** Tel. 0222 31 04 99, www.het sop.nl. Auch Wrackfischen.
Rettungsboot in Aktion – Übungen des **KNRM**-Rettungsbootes im Hafen von Oudeschild oder auf dem Wattenmeer (Do abends).
Unter Piraten geraten – 25 m langes **Spielschiff** am Jachhafen. Hier können Kinder ohne Ende klettern!

Wattfahrten – Unterwegs mit dem **Krabbenkutter:** `direkt 4` ► S. 53

In der Umgebung
Dijkmanshuizen (► Karte 2, E 12): unter Naturschutz stehendes Brutgebiet nördlich des Dorfes; Führungen April–Mitte Juni ; Infos: Ecomare, S. 37.
Oude Land, De Schans: s. S. 46

Infos und Termine
Bus: 29 und 827 (im Sommer) vom Fährhafen; Tageskarte: s. S. 33.
Jachthafen: Haven 26, Tel. 0222 32 12 27, www.waddenhaventexel.nl.
HavenVIStijn: Hafenfest an einem Samstagnachmittag im Aug. Hier dreht sich alles um Fisch und Fischfang.

Oosterend ► Karte 2, F 12

In Oosterend, das sich zu Recht »Texels mooiste dorp«, also »schönstes Dorf Texels«, nennt, wohnen die meisten Fischer der Insel – obwohl es mehrere Kilometer sowohl vom Wattenmeer als auch vom Nordseestrand entfernt ist. `direkt 5` ► S. 56

Übernachten
Herrlich hinterm Deich gelegen – **Hotel Prins Hendrik:** Stuifweg 13, Tel. 0222 36 30 20, www.prins-hendrik.nl, DZ ab 80 €. Ideal für Ruhesuchende, Vogelliebhaber und Angler: das gut 2 km nördlich des Dorfes beim Naturgebiet **De Schorren** gelegene gemütliche 24-Zimmer-Haus (alle Zimmer mit Bad/Dusche, WC) direkt am Wattenmeer; Lounge mit Kamin, Terrasse, großer Garten und Bar. Praktisch und gut: das gemütliche À-la-carte-Restaurant mit texelschen Produkten (ab 20 €).

Sport und Aktivitäten
Flache Strände – mehrere am Deich.

Angeln – am besten nördl. und südl. vom **IJzeren Kaap**, am Pumpwerk bei Oost und der Molen van het Noorden.
Tennis – zwei **Allwetterplätze** am Bijenkorfweg (Anmeldung beim Wijnhuis Oosterend, Kerkstraat 11, s. S. 57).
Boule – am **Robbepad**: frei zugänglicher Platz, Mi, Sa um 14 und 16 Uhr.
Malkurse – **Atelier De Goede Verwachting:** Genteweg 1, Tel. 0222 31 85 75. Diverse Workshops.

In der Umgebung
Oost (► Karte 2, E/F 12): Knapp 2 km nordöstlich vom Dorf liegt der unspektakuläre, aber idyllische Weiler mit einigen Häusern, Schafweiden und ein paar Mini-Windmühlen in den Vorgärten.
Eureka Tropische Planten en Vogeltuin (► Karte 2, E 12): Schorrenweg 20 (Polder Het Noorden), www.eurekatexel.nl, Mo–Sa 9–18 Uhr, März–Okt. Di, Do ab 14 Uhr Greifvogelshow; Workshops. Beim Weiler Oost (s. o.) gelegener tropischer Pflanzen- und Vogelpark; mit Gartenzentrum und Kantine.
Molen Het Noorden (► Karte 2, F 11): am Wattendeich nördl. von Oost; zu besichtigen, wenn die Flagge weht. Von 1878 bis 1923 regulierte die Mühle mit ihren Schöpfpumpen in der Polderlandschaft Het Noorden den Wasserhaushalt.
De Bol (► Karte 2, F 12): unter Naturschutz stehendes Brutgebiet bei Oost (u. a. Rotschenkler, Säbelschnäbler, Austernfischer); geführt im Mai und Juni zugänglich, Tel. 0222 31 77 41.

Infos und Termine
Bus: 29 und 827 (im Sommer) vom Fährhafen; Tageskarte: s. S. 33.
Oosterend Present: Alle fünf Jahre (2013) Ende Juli/Anfang Aug. feiert das Dorf ein 3-tägiges Themenfest. Riesiges Open-Air-Theater. Höhepunkt ist die gemeinsame Mahlzeit. Infos: www.oosterendpresent.nl. ▷ S. 58

4 | Eine Kutterfahrt ist lustig – unterwegs auf dem Wattenmeer

Karte: ▶ Karte 2, E 13 | **Startpunkt:** Hafen von Oudeschild

Möchten Sie mal eine Qualle in die Hand nehmen? Nein? Dann aber vielleicht einen Krebs, der gar nicht zwickt, wenn man ihn richtig hält. Oder doch lieber nur eine Scholle streicheln? Das alles ist z. B. auf der ›Zeester‹ möglich. Und keine Angst, die Meeresbewohner kehren, nachdem man sie aus der Nähe betrachten durfte, lebend ins kühle Nass zurück.

Am **Hafen** **1** herrscht hektisches Treiben, die letzten Tickets werden verkauft, der Skipper geht an Bord, die anderen beeilen sich, es ihm nachzutun und suchen sich einen Platz – je nach Witterung draußen oder drinnen in der warmen Kombüse. Punkt 14 Uhr legt die **Zeester,** zu Deutsch: Seestern, ab und der Käpt'n beginnt mit seinen witzigen, sehr interessanten Ausführungen in einem Kauderwelsch aus Holländisch und Deutsch, das die Mitreisenden nun für fast zwei Stunden begleiten wird.

Ein guter Fang?

Laut tutend verlässt die ›Seestern‹ den Hafen von Oudeschild. Das Programm heute? Ist dasselbe wie schon seit Jahrzehnten und auch, wenn man es zum x-ten Mal mitgemacht hat, immer wieder schön: Seit 1987 tuckert das fast 28 m lange und 6 m breite Fischer- und Rundfahrtboot TX 35 durch das Wattenmeer, davor hat es lange Dienst als Fährschiff zwischen Schiermonnikoog und dem Festland getan. Nach Überqueren der 25 m tiefen Fahrrinne, so erläutert der Skipper, natürlich ein gestandener Fischer, werde in flacherem Gewässer gefischt. Das Schleppnetz, das langsam ausgelegt wird, wird auf einer Breite von 8 m über den Meeresboden gezogen – auf Rollen, übrigens. Gefischt wird mit

Alle Fischkutter im Hafen – es ist Wochenende in Oudeschild

der Strömung und das Boot darf nicht zu schnell sein: 3,2 Knoten etwa, denn sonst ist das Netz zu weit vom Boden entfernt und die Tiere landen nicht in den Maschen. Gut 30 Minuten heißt es nun warten, dann wird der Fang eingeholt.

Technische Einweisung für die ›Mannschaft‹

Langeweile kommt an Bord allerdings keine auf, der zweite Programmpunkt steht auf der Agenada: die Seehundbänke. Während der Kapitän draufzuhält, gibt er noch schnell durch, dass es in der Kombüse Kaffee, Tee, Kaltgetränke und Snacks gebe, man aber Peter, »den Barmann, auch einfach zum Quatschen, zum Seemannsgarn erzählen« aufsuchen könne. Denen, die bei ihm ausharren, erzählt er von den technischen Einrichtungen an Bord, von den Errungenschaften, über die die moderne Seefahrt heute verfügt. Er erläutert für alle verständlich die Bedeutung von Radar, Tiefenmesser, Satellit – und wer mag, kann auf die Brücke kommen und die Insturmente anschauen.

Seehunde voraus

Der Blick zurück fällt auf die Insel, die mit der Mühle, einigen Segelschiffen und Kuttern und dem Kirchturm wie ein Scherenschnitt wirkt. Doch nun heißt es nach vorn schauen, mit etwas Glück sind Seehunde zu sehen, die sich auf den Sandbänken sonnen. Im niederländischen Teil der Nordsee leben etwa 10 000 dieser possierlichen Tiere, 7000 gemeine und 3000 graue Seehunde. Bei Hochwasser jagen die im Wasser äußerst wendigen Tiere, bei Niedrigwasser ruhen sie sich auf den trocken gefallenen Sandbänken aus. Hier werden übrigens auch die Heuler geboren, die schon wenige Stunden nach der Geburt schwimmen können.

Krabben pulen ist angesagt

Plötzlich herrscht an Bord ein Riesengewusel: Das Netz ist wieder an Deck, alle stehen um den Fischer herum, die Möwen kreischen hektisch – auch sie erhoffen sich etwas von den Leckereien. Der Fang wird in das Wasserbecken geschüttet, die grauen Garnelen – rosa sind sie erst nach dem Garen – kommen direkt in den Kocher mit Seewasser. »Ja, wen haben wir denn da?« Plattfische, Schollen, Glatt- und Steinbutte. Ein guter Fang: Seezungen, kleine und große. »Mit ca. 25 cm Länge sind die erwachsen.« Die *zeetong* gilt als die Delikatesse Nr. 1, 10–15 € berappt man auf Texel pro Kilo. Da, ein Knurrhahn *(rode poon)*, er ist ein Raubtier, frisst alles, Algen, Krabben, Fische, »auch holländische Kinder«, wie der Käpt'n grinsend anmerkt. Eine Ohrqualle – »die könnt Ihr streicheln, die ist fast ungiftig«. Das glitschige Etwas wird dann aber doch ganz schnell ins Meer befördert, weil es sonst

Übrigens: Vor dem **Krabben pulen** braucht niemand Angst zu haben: Die fachmännische Anleitung, wie man das bewerkstelligt, gibt es »gratis dazu«, und einige lernen besonders schnell. Doch niemand muss hungrig von Bord gehen, der Fang war gut und so bekommt jeder, der mag, zum Abschied noch ein, zwei Beutelchen mit Garnelen in die Hand gedrückt.

stirbt. Ebenso der Rest des Fanges – alle helfen mit, die Tiere zu Wasser zu lassen.

Buchen der Wattfahrten

Ticketschalter im **Hafen** 1 oder vorab telefonisch reservieren, u. a. für die **TX 10 Emmie** (Tel. 0222 31 36 39, www.garnelenvissen.nl), **TX 20 Orion** (Tel. 0031 6 51 04 42 35, www.robben tochttexel.nl) oder **TX 44** (Tel. 0031 6 51 10 57 75, www.tx44.nl). Preise variieren je nach Tour (1,5–3 Std.), ab 9 €.

Knurrhahn & Co.

Wer jetzt auf den Geschmack gekommen ist, sollte entweder schnell bei **Van der Star** 1 (s. S. 48) vorbeischauen oder die ausgezeichneten Fischgerichte im **Café-Restaurant Havenzicht** 2 probieren (Haven 6, Tel. 0222 31 26 02, www.havenzicht texel.nl, Küche tgl. 12–15, 17–21 Uhr, Gerichte mit Brot ab 12 €, mit üppigen Beilagen ab 17 €): Falls vorrätig, empfiehlt sich *poon*, Knurrhahn, oder die *visschotel* mit dreierlei Fisch. Schöner Ausblick auf den Hafen. Auch Vermietung von zwei traumhaften Zimmern für je 140 €.

Schiff ahoi auf dem Dreimaster

Wer länger auf See bleiben möchte, dem seien Überfahrten mit der **Avon-**tuur oder der **Willem Jacob** empfohlen (www.eilandhopper.nl; Komplettarrangements über: www.stayokay.com/waddenhoppen): u. a. Inselhüpfen, Rundfahrten vor den Inseln, Fährverkehr ab Amsterdam.

Unterwegs auf drei Rädern

Direkt am Hafen starten auch die **Tuk Tuks** 2, blaue dreirädrige Minitaxen, mit denen es entweder auf geführte Safari (2 Std.), auf Ralley (3,5 Std.) oder auf eigene Faust losgeht (Haven 12, Tel. 0621 45 20 52, www.tuktuk expresstexel.nl).

5 | Bekanntschaft mit Texels schönstem Dorf – Oosterend

Karte: ▶ Karte 2, E 12

»Texels mooiste dorp« – nicht zu Unrecht führt Oosterend diesen Titel. Doch keine Angst: Museale Atmosphäre kommt hier nicht auf, die Menschen leben und arbeiten im Dorf, in letzter Zeit auch immer mehr Künstler. Und wer eine Ruhepause braucht, es warten gleich mehrere gemütliche Restaurants auf Sie.

Bewohntes Freilichtmuseum

Oosterend (1400 Einw.) präsentiert sich als geschlossenes, überaus hübsches Ensemble aus aufwendig restaurierten Häusern mit den typischen grünen Holzgiebeln, von denen viele unter Denkmalschutz stehen, und idyllischen kopfsteingepflasterten Sträßlein.

Mittendrin steht die älteste Kirche der Insel, die **Hervormde Kerk** ■1. Sie stammt z. T. noch aus dem 12. Jh. und ist von einem kleinen Friedhof umgeben. Im 20. Jh. wurde sie behutsam in den Zustand des 17. Jh. zurückversetzt. Vor allem die Holztrennwand im Portal unter dem Turm ist sehenswert: Hier sind Hunderte sogenannter Hausmarken eingeritzt. Ihre Bedeutung ist bis heute nicht ganz klar.

Hinter der Adresse **Kerkplein 6 A** ■2 verbirgt sich übrigens das angeblich kleinste Haus Oosterends (1656), auf jeden Fall aber eines der hübschesten des Ortes. Ein paar Häuser weiter, in der Nr. 11, liegt ein nur vier Jahre jüngeres, ebenfalls denkmalgeschütztes Gebäude, in dem heute das **Wijnhuis Oosterend** ■1 untergebracht ist. Das 350 Jahre alte beeindruckende Küsterhaus und sein Interieur sind einen Blick wert.

Dorf der Fischer

Der Name der ausgesprochen hübschen, schmalen **Blazerstraat** erinnert an die kleinen Holzschiffe, mit denen die Fischer früher auf Fahrt gingen. Denn obwohl das Dorf 2 km vom Wattenmeer und 5 km von der Nordsee entfernt liegt, lebten hier einst die meisten Fischer der Insel. Ende des 19. Jh. waren die hölzernen *blazer* die am häufigsten im Fischfang eingesetzten Schiffe. Ihre Besatzung bestand aus drei Mann, wobei der jüngste Crewmitglied ein zehn Jahre alter Knabe war. An diese Zeit erinnert auch das **Alte Barometer für Seeleute**  an der Ecke Oesterstraat und Kerkplein.

Der ›Strandjutter‹ von Oosterend

Über die **Oesterstraat,** die Straße der Austern, gelangt man zu einer kleinen ›nautischen Ausstellung‹, dem **Garten von Cor Ellen** , dem einzigen Strandräuber des Dorfes. Überall liegen Bojen, Anker, Taue, Fundstücke etc. herum. Gar nicht dazu passen wollen die Marmeladen und Jams, die hier zum Verkauf angeboten werden. Lecker aber sind sie!

Infos

Hervormde Kerk : Kerkstraat 2, Besichtigung im Juli/Aug. Mi 13.30–15.30 Uhr.

Schiefertafel-Route

Anhand der Tafeln kann man auf eigene Faust durch den Ort spazieren. Der Startpunkt ist an der Schoolstraat.

Kulinarische Höchstleistungen …

… erwarten den Gast in der stilvoll-rustikal eingerichteten **Rôtisserie 't Kerckeplein** in der Oesterstraat 6 (Tel. 0222 31 89 50, www.rotisserietexel.nl, mit Außenterrasse, offenem Kamin). Freundlich bewirtet Frau Oosterhaven ihre Gäste an den hübsch gedeckten Tischen, während ihr Mann in der Küche zaubert. Empfehlung: Lammfleisch- oder Fischmenü (53 € bzw. 55 €). Ausgezeichnete, umfangreiche Weinkarte.

Lecker essen, angenehm sitzen

Direkt gegenüber der Kirche findet sich das gemütliche **Eetcafé De Kroonprins** (Kerkstraat 7, Tel. 0222 31 89 75, www.eetcafedekroonprins.nl, in der Saison tgl., sonst Di–So 12–3, Küche bis 21 Uhr). Den Fisch gibt es übrigens fangfrisch vom Kutter der Brüder. In dem beliebten Café mit großer Terrasse hinter und kleiner vor

dem Haus wird häufig Livemusik gespielt, außerdem finden hier unterschiedlichste Events und kulinarische Themenabende statt. Im **Strends End** kommen vor allem Pfannkuchenfreunde auf ihre Kosten (Achtertune 9, Tel. 0222 31 84 83, www.strendsend texel.nl, Pfannkuchen ab 5 €, Hauptgerichte ab 15 €; mit Spielmöglichkeiten). Traumhaft ist es, dort im Sommer auf der großen Terrasse zu sitzen.

Auf einen Schluck

Im **Wijnhuis Oosterend** stehen neben den Weinen und Hochprozentigem texelsche Kräuterliköre und -bitter u. a. mit Zimt und Spekulatiusgewürz im Regal (www.wijnhuisoosterend.nl, April–Okt. Di–Sa, sonst nur Mi–Sa).

De Cocksdorp und Eierland ▶ E/F 10/11

Eine wunderschöne Allee, die **Molen-laan,** führt ins jüngste Inseldorf, das 1835 an einem alten Seearm entstand. Das unspektakuläre De Cocksdorp (1250 Einw.) ist heute ein beliebter, aber stets beschaulicher Urlaubsort. Allein an der **Kikkertstraat** geht es quirliger zu: Hier reihen sich Geschäfte und Restaurants aneinander.

Reizvoll ist die Umgebung mit mehreren Naturschutzgebieten, dem **Krim-Wald,** dem breiten Strand, dem Leuchtturm (s. S. 61) und guten Angelmöglichkeiten. Der **Eierlandse Polder** südlich von De Cocksdorp entstand, nachdem ein pfiffiger Belgier, De Cock eben, 1835 einen 11 km langen Deich zwischen Texel und dem vorgelagerten Inselchen Eierland errichten und das Deichvorland einpoldern ließ. Das Polderland mit seinen breiten Kanälen ist Rastgebiet für durchziehende Enten.

Vogelinformatiecentrum Texel

Kikkertstraat 42, Tel. 0222 31 62 49, www.voegelinformatiecentrum.nl, Mo–Fr 10–18, Sa 10–17.30 Uhr, Mi um 9 und 11 Uhr Vogelexkursionen, 10 €
Ornithologen und Vogelliebhaber finden hier viel Infomaterial, Bücher, Fotos und Filme über die gefiederten Inselgäste. Zudem Infos dazu, welche Vögel sich gerade auf der Insel tummeln. Im angeschlossenen **Shop De Verrekieker** Ferngläser, Teleskope, Naturbücher, Nistkästen etc. Bilddatenbank: www.natuurdigitaal.nl.

Luchtvaart en Oorlogsmuseum

Postweg 126, am Flugplatz, Tel. 0222 31 16 89, www.lomt.nl, Öffnungszeiten s. Website, 3,50 €
Museum zur texelschen Luftfahrt und zum Georgieraufstand im Zweiten Weltkrieg (s. S. 47).

Übernachten

Balkon oder Terrasse? – **Hotel Oranjerie Molenbos:** Postweg 224–226, Tel. 0222 31 64 76, www.molenbos.nl, DZ ab 110 €. Nahe beim Dorf, ruhig und schön am Roggesloot gelegenes modernes, helles Haus mit komfortablen Zimmern (Bad/Dusche, WC). Das

Verwunschene Polderlandschaft Het Noorden vor dem Deich nahe De Cocksdorp

gute Restaurant ist für seine kreative Küche bekannt.

Im Herzen des Dorfes – **Hotel-Pension 't Anker:** Kikkertstraat 24, Tel. 0222 31 62 74, www.t-anker.texel.com, DZ ab 90 €. Nettes, kleines, einfaches Haus (Dusche, WC) mit sehr freundlichem Service und gutem Frühstück. Zimmer nach hinten raus verlangen.

Luxuscampingplatz – **Vakantiepark De Krim:** Roggeslootweg 6, Tel. 0222 39 01 12, www.krim.nl, ganzjährig. 2,5 km vom Meer entfernter ›Eurotopcampingplatz‹ mit geschützten großen Standplätzen und sehr guten sanitären Einrichtungen; ideal für Kinder. Mit Hallen- und Freibad, vielen Sportmöglichkeiten, Laden, Restaurant, im Sommer Animation. Auch Ferienhäuser, Hotel.

Gut gelegen – **Landal Sluftervallei:** Krimweg 102, www.landalcamping.nl, Mitte März–Anfang Nov. Rasen- und Dünengelände – 2 km bis zum Meer – mit guten Sanitäranlagen, Sport- und Spielmöglichkeiten, Bowling, Minigolf, Schwimmbad, Sauna, Laden, Restaurant; Vermietung von Caravans.

Einfach, gut gelegen und sehr sauber – **De Robbenjager:** s. rechts

Essen und Trinken

Saisonküche mit texelschen Produkten – **Topido:** Kikkertstraat 21–23, Tel. 0222 31 62 27, www.topido.nl, Juli/Aug. tgl. ab 10 Uhr, weitere Zeiten s. Website, Hauptgerichte ab 16,50 €, 3-Gänge-Menü 37,50 €. In diesem hellen, freundlichen Restaurant werden ausgezeichnete Inselprodukte verwendet, so Lamm- und Rindfleisch, Garnelen und Aal, Käse, Spargel, Kartoffeln, Pilze, Früchte und Biere. Probieren Sie z. B. den Aal oder die Eintöpfe.

Essen mit Aussicht – **De Robbenjager:** Vuurtorenweg 146, Tel. 0222 32 92 52, www.derobbenjager.nl, April–Anfang Nov. tgl. ab 11, Anfang Nov.–Weihnachten Fr, Sa, So 11–17, Weihnachtsferien tgl. 11–17 Uhr, 11–19 €. Freundliches, gemütlich eingerichtetes Restaurant auf dem gleichnamigen sehr netten Campingplatz , unweit von Wattenmeer und Leuchtturm mit kleiner, guter Karte, ausgezeichnetem Service und schöner Ausicht. Spezialität: der Texelsche Fischtopf. Mit Terrasse.

Einzigartiger Eisgeschmack – **Labora:** Hollandseweg 2/4 (Seitenweg 32), www.ijsboerderijlabora.nl, Mai–Aug. tgl. 11–20 Uhr, übrige Öffnungszeiten s. Website. Der Eisbauernhof bietet eine so große Palette von Eissorten (ohne Farb-und Konservierungsstoffe!), dass ein Urlaub nicht ausreicht, alle durchzuprobieren. Großes Spielgelände.

Einkaufen

Ferngläser und Co. – **De Verrekieker:** s. Vogelinformatiecentrum S. 58

Handgemachte Souvenirs – **Vlinderwinkel:** Kikkertstraat 25, www.vlinderwinkel.nl. Wer ein ungewöhnliches Souvenir sucht, ist hier richtig.

Ausgehen

Disco und mehr – **Het Eierlandsche Huis:** Klimpstraat 33, www.eierland

schehuis.nl, Mo–Fr 14–3, Sa 12–3, So 12–19.30 Uhr. Im Juli und Aug. Bingo- und Discoabende. Café, Bar, Billard, Darts, **Internetcafé.**

Sport und Aktivitäten

Strand – sehr breit, feinsandig, kinder- freundlich; bei Paal 28 von Juni–Sept. bewacht; ganzjährig mit Pavillon; an der Wattenmeerseite bei Paal 33 schö- ner, ganzjährig geöffneter Pavillon. Nicht bewachter **FKK-Strand** 1 km südl. von Paal 28. Baden zwischen Paal 31 und 33 lebensgefährlich!

Windsurfen – am bewachten Strand.

Katamaran-Segelschule – **De Eilan- der:** bei Paal 33, Tel. 0620 63 44 13, www.deeilander.nl, in Ende April–Ende Sept. tgl. ab 9.45 Uhr. Auch Verleih.

Outdoor-Spezialist – **Texel Outdoor Programma's:** Infos unter www.texel outdoor.nl und im Pavillon bei Paal 33.

Radverleih – **Van der Linde:** Kikkert- straat 3. **Van Tongelen:** Krimweg 10.

Radtour über den Deich – schöne Strecke am Wattenmeer entlang.

Reiten – **Ruitercentrum De Krim:** Roggeslootweg 4, www.naartexel.nl. Reithalle, Pferde- und Ponyverleih, Kur- se, Ausritte.

Golfen in den Dünen – **Golfbaan De Texelse:** Roggeslootweg 3, www.te xelse.nl. 9-Loch-Bahn, Golfschule, -shop.

Tennis – **Vakantiecentrum De Krim:** Roggeslootweg 6, www.krim.nl. 3 Plät- ze im Freien, 1 Hallenplatz. **Het Eier- landsche Huis:** Klimpstraat 33, www. eierlandschehuis.nl. 2 Plätze.

Fallschirmspringen – **Paracentrum Texel:** am Flughafen, Postweg 128, Ei- erland, www.paracentrumtexel.nl. Kur- se, Tandemsprünge, Rundflüge.

Auf See – **De Vriendschap:** Tages- ausflug nach Vlieland/Robbenfahrten (s. S. 54), am Anlegesteg bei Paal 33, www.waddenveer.nl Mai–Sept. tgl., In- fos s. Website.

Unterwegs mit Strandräuber Maar- ten Boon – **Jutters Plezier:** www.jut tersplezier.nl. Mit dem Pferdewagen zwischen Slufter und Leuchtturm, an- schließend ist in der Scheune Boons ei- ne Strandgutsammlung zu sehen.

Wanderungen – **Noord-Holland- pad:** 34 km lange Wanderung als Teil- stück einer 270 km langen Strecke, z. T. in der Brutzeit (März–Aug.) gesperrt; www.noordhollandpad.nl. **Eijerland- se Velden:** im Polder Eierland ange- legte Wanderung, www.delieuw.nl.

Wattwanderungen – **De Vriend- schap:** www.waddenveer.nl, s. links.

Unterwegs mit der Pferdetram – **De Texelse Paardentram:** Roggesloot- weg 6, De Krim, www.texelsepaarden tram.nl, Reservierung unter Tel. 0636 25 10 93, Sa, So, Di, Mi 10, 13 Uhr. Rundfahrt durch Dorf und Umgebung.

Spiele ohne Grenzen – **Kinder Speelparadijs Texel:** Roggeslootweg 6. www.krim.nl, kein Eintritt. Überdeck- tes Spielparadies mit großem Spaßfak- tor für die Kleinen, Café.

In der Umgebung

De Schorren (► Karte 2, F 11): Salz- wiese südöstl. vom Dorf, außerhalb des Deiches, nicht zugänglich, Führungen von Mai bis Sept. über Ecomare. Ge- schützter Brut- und Rastplatz.

Aussichtspunkt (► Karte 2, F 11) am Denkmal Ecke Lancasterdijk und Steng- weg: Blick auf Wattenmeer und Ringel- gänsekolonie Zeeburg.

De Slufter: `direkt 6` S. 61

Infos und Termine

Bus: 29, 827 (im Sommer) vom Fähr- hafen; Tageskarte: s. S. 33.

Texel Air Show: Flugshow mit Vorfüh- rungen und Stunts ab Ende Juli 2012; www.texelairshow.nl.

Festmarkt: im Sommer Do nachmit- tags und abends.

6 | Salzwiesen, Dünen und Wald – unterwegs in Texels Westen

Karte: ▶ Karte 2, E 10–D 14 | **Route:** bis De Koog ca. 13 km, von dort bis Den Hoorn ca. 11 km, weiter bis De Hors ca. 4 km | **Dauer:** mit Besuch von Ecomare Tagestour

Wo einst gewaltige Wellen die Dünen durchbrachen, findet sich heute ein abwechslungsreicher Küstenstreifen, der gut im Rahmen einer Radtour zu entdecken ist. Salzwiesen und Süßwasserdünensee bilden ein Brutgebiet für an die 100 verschiedene Vogelarten. Und ganz im Süden wartet etwas für die Watteninseln Untypisches auf die Radler: ein schönes Waldgebiet mit tollen Picknickstellen.

Landgewinung am Leuchtturm

Einst stand der 1864 errichtete, 35 m hohe und inzwischen wieder rote **Leuchtturm** 1 3 km vom Meer entfernt. Lange Zeit sah es aber so aus, als kippe er in die Nordsee, die hier im Norden besonders arg an der Küste nagt. Ins Meer hinausgebaute Steindämme sollen verhindern, dass noch mehr Dünen und Strand verschluckt werden –

mit Erfolg. Heute ist hier eine riesige Sandplatte entstanden. Bei klarem Wetter ist die Sicht vom *vuurtoren* nach einem anstrengenden Aufstieg vorbei an diversen Ausstellungsstücken grandios. Die Einschusslöcher in der inneren, ersten Mauer stammen aus dem Georgieraufstand im April 1945 (s. S. 47). Vom Leuchtturm geht es zum Radweg hinter den Dünen, wo der Krimweg kreuzt.

Sieg der Natur

Zwischen De Cocksdorp und De Koog erstreckt sich mit den Salzwiesen des Slufter und dem dicht bewachsenen Naturschutzgebiet De Muy ein abwechslungsreicher Küstenstreifen – entstanden 1851, als die stürmische See die Dünenkette an drei Stellen durchbrach. Bei De Muy dauerte es fast drei Jahrzehnte, bis die Lücke wieder geschlossen war, im **Slufter** 2 scheiterten jedoch alle Bemühungen. Durch das regelmäßige Überfluten mit Salzwasser ist ein außergewöhnliches Gebiet entstanden, das in ruhigen Zeiten von Tümpeln und Prielen durchzogen ist, bei Springflut und Stürmen jedoch zu einem riesigen Binnensee anschwillt. Ein Deich schützt das niedriger gelegene **De Muy** 3 zum Slufter hin vor Überflutungen. Im Slufter können nur solche Pflanzen existieren, die auch Salzwasser vertragen, z. B. Strandflieder, *lamsoor*, der die Salzwiese im Juli und August mit einem lila Pinselstrich überzieht, und Grasnelke, die im Mai und Juni rosa Farbakzente setzt.

Parallel zum Nordseestrand führt die schnurgerade Route den Dünensaum entlang an den beiden Naturgebieten vorbei bis nach De Koog. In Höhe von Slufter- und Muyweg lohnt eine Rast, um einen Blick über die Dünen zu werfen oder eine kleine Wanderung zu machen und die vielfältige Flora und Fauna zu bestaunen. Im nördlichen Teil der Wasserlandschaft des Slufter brüten Limikolen wie Sandregenpfeifer, Eiderenten und Säbelschnäbler (während der Brutzeit gesperrt, sonst ab Parkplatz am Krimweg über grün markierten Wanderweg). Im Süden führt ein gelb markierter Spazierweg vom Treppenaufgang am Ende des Slufterweges zum Strand. Selbst in der Hochsaison ist hier wenig Betrieb. Vom Strand fließt das salzige Nordseewasser durch den breiten Seearm **Slufterkreek** in einem großen Bogen durch die Landschaft.

Gedeckter Tisch vorm Abflug

Der Süßwasserdünensee **Muyplas** ist Brutgebiet für Löffel- und Fischreiher sowie rund 50 weitere Vogelarten. Hier tummeln sich Enten aller Art. In Spätsommer und Herbst essen sich Singvögel vorm Start in den Süden an den Holunder- und Sanddornsträuchern satt, und im Frühjahr singt die Nachtigall noch lange nach Einbruch der Dunkel-

heit. Dohlen, Brandgänse und Hohltauben machen es sich in verlassenen Kaninchenhöhlen gemütlich, und die Langohren hoppeln Haken schlagend durchs Gebüsch.

Kurz vor De Koog, in der Wiesen- und Heidelandschaft des kleinen Polders **De Nederlanden** 4, bietet sich von der 20 m hohen Düne **Nol van Bertus** ein weiter Rundblick (zu erreichen über blau markierten Wanderweg). Nach Passieren des Ferienortes **De Koog** (s. S. 33) führt der Weg am Waldrand (Ruyslaan) entlang und streift den Dünengürtel bei **Ecomare** 5 (s. S. 35).

Durch Wald und Heide

Immer parallel zum Strand geht es über den Randweg in das wunderschöne Waldgebiet **De Dennen** 6 (= die Kiefern). Selbst bei starkem Wind lässt es sich auf den geschützten Wegen mühelos radeln. Im Lauf der Zeit wurde ein beträchtlicher Teil des einstigen Kiefernwaldes mit Laubbäumen aufgeforstet, worüber sich Buntspecht, Zaunkönig, Waldohreule, Kuckuck und Nachtigall freuen. Interessant ist der sichtbare Einfluss von Wind, Salz und Wasser auf das Wachstum der Bäume. Die Bäume auf der Nordseeseite des Waldes strecken sich übrigens umso höher in die Luft, je weiter sie von der See entfernt und vorm salzigen Wind geschützt sind. Der Wald ist recht licht, sodass der Boden dicht bewachsen ist. Gute Aussichtspunkte sind die **Fonteinsnol** 7 (nahe Kreuzung Rozendijk/Bakkenweg/Westerslag) und die **Kampeernol** 8 (am Waldrand, über Westerslag). Dort wo der Randweg in den Nattevlakweg übergeht, liegt der Waldkiosk **Het Turfveld** 1, und rechts führt der Westerslag zum Badestrand bei Strandpfahl 15.

Nach Verlassen des Waldes führt der Radweg (Rommelpot) vorbei an ausgedehnten Heideflächen bis nach **Den**

Hoorn (s. S. 30). Krähenbeere, Besen- und Glockenheide überziehen das Dünengebiet vom Frühjahr bis zum Herbst mit sattem Violett.

Bevor es nun zurückgeht, kann man noch einen Abstecher nach **De Hors** machen: Die riesige Strandfläche an der Südspitze ist das einzige Dünengebiet der Insel, dessen Entstehen die Natur zum Großteil selbst besorgt hat. Hier kann man kilometerweit wandern, ohne einer Menschenseele zu begegnen.

Übrigens: Wer nicht mit dem Rad oder per pedes in den Slufter möchte, kann an einer der **Planwagenfahrten** der Firma **Jan Plezier** teilnehmen (diverse Routen, ca. 3 Std., mit Kaffeepause, Mo–Sa 10/14 Uhr, Bushaltestelle am Nikadel in De Koog; weitere Abfahrten, unbedingt reservieren 19–22 Uhr unter Tel. 0222 31 28 25, www.janpleziertexel.nl).

Hoch hinauf!
Leuchtturm  : Vuurtorenweg 184, Tel. 0222 31 77 41, www.vuurtoren texel.nl, April–Sept. Mo–Fr 10–20, Sa/So 10–17, Okt.–März Mi, Sa/So 10–17, Herbst-, Weihnachts- und Frühlingsferien tgl. 10–17 Uhr, 3 €.

Snackbar
Het Turfveld : Nattevlakweg 2, Tel. 0222 31 24 19, 10–18 Uhr.

Einfach, aber ausgezeichnet …
… essen, so lautet das Motto von Vincent Hoekstra, der am Rand von De Dennen sein **Eetcafé Vincent Eilandkeuken**  betreibt. Die kleine, feine kreative Karte weiß ohne Wenn und Aber zu überzeugen, das gemütliche Interieur auch. Hier fühlt man sich schnell wohl! (Grensweg 386, Tel. 0222 32 20 84, www.eetcafevincent. nl, Di–So ab 12 Uhr, Gerichte ab 15 €).

Nur Bestnoten …
… erzielt das **Brasserie-Restaurant Bos en Duin** in Den Hoorn. Ausgezeichnet sind u. a. die Steaks, das Lamm, der Fisch und die Weine (Bakkenweg 16, Tel. 0222 31 55 41, www. restaurant.bosenduin-texel.nl, Gerichte ab 20 €, Pasta ab 14 €, 3- bis 6-Gänge-Überraschungs-Menüs 36–57 €).

Käse vom Feinsten
Leckeren Käse aus Kuh-, Schafs-, Ziegenmilch nach 500 Jahre alten Rezepten verkauft die **Kaasboerderij Wezenspyk**  (Hoornderweg 27–29, www.wezenspyk.nl, Öffnungszeiten und Führungen s. Website).

Vlieland

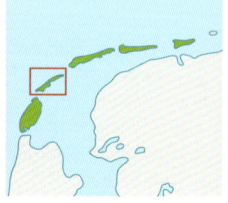

Wogende Dünenlandschaften, das Vogelparadies der Kroon's Polders, große Laub- und Nadelwälder, kilometerlange Küsten und die unendliche Weite des Vliehors, der ›Sahara des Nordens‹: Das ist Vlieland. Die Insel ist nur etwa 12 km lang – nicht eingerechnet das 8 km lange Vliehors, eine gewaltige, von Puderzuckersand bestäubte Fläche im Westen – und nirgends breiter als 2 km. Besucher fühlen sich schnell heimisch: Vlieland ist überschaubar und es gibt nur ein Dorf. Gut markierte Wander- und Radwege erschließen Insel und Naturschutzgebiete und geben Einblicke in ihre abwechslungsreiche Flora. Selbst in der Hochsaison, wenn die Unterkünfte in der Regel komplett ausgebucht sind, geht es hier noch gemütlich zu. Eine ›Discomeile‹ existiert nicht, und Autoverkehr gibt es kaum: Gäste dürfen lediglich ihr Fahrrad mitbringen.

Einst gab es auf der Insel zwei Dörfer: West- und Oost-Vlieland. Ihr Auskommen fanden die Inselbewohner überwiegend im Walfang. Im 17. Jh. wohnten mehr als 70 Kommandeure der Fangflotte und viele Kapitäne der Handelsmarine auf Vlieland. Oost-Vlieland blühte auf – dank seiner günstigen Lage am Vlie, wo die Handels- und Kriegsschiffe vor Anker lagen und auf günstigen Wind warteten. West-Vlieland hingegen wurde Opfer des stetig an der Küste nagenden Meeres. Im 19. Jh. ging Vlielands Blütezeit zu Ende. Die Reeder verlegten ihre Sitze aufs Festland, Ackerland gab es auf Vlieland keines und mit der Fischerei ließ sich schon damals nicht mehr viel Geld machen. Es wurde sogar ernsthaft erwogen, die Insel untergehen, also vom Meer wegspülen zu lassen, da ihr Erhalt riesige Summen verschlang.

Der in den 20er-Jahren des 20. Jh. sachte auflebende Tourismus sollte die rettende Einnahmequelle für die Inselbewohner werden.

Oost-Vlieland ▶ Karte 2, G/H 8

In Oost-Vlieland (1150 Einw.) geht es beschaulich zu. Jahrhundertelang war die Dorpsstraat die einzige Straße des Ortes, sein Rückgrat quasi. Von hier zweigten gen Norden schmale Gassen ab, die in den Dünen endeten. Die übrige Bebauung stammt aus dem 20. Jh. Wer auf die **Vuurboetsduin** mit dem Leuchtturm hinaufsteigt, kann sich ein Bild davon machen, wie es hier einmal ausgesehen haben muss: die schmale Dorfstraße mit ihren Seitengassen, flankiert von gelben Backsteinhäusern mit roten Dächern, das Ganze eingefasst vom Grün der Ulmen und der zahlreichen Obstbäume in den Gärten, im Vordergrund **Kirche** und **Armenhaus** `direkt 7` ▶ S. 66.

In der urigen **Dorpsstraat** finden sich noch zahlreiche Giebelhäuser des 18. und 19. Jh., die als Ensemble die Atmosphäre von damals widerspiegeln.

Die Paradestraße der Vlielander, die im Sommer einer einzigen, fröhlichen Freilufterrasse gleicht, steht mittlerweile unter Denkmalschutz. Das **Alte Rathaus** (Nr. 145) mit dem von einem Schiff bekrönten Glockentürmchen stammt übrigens aus dem Jahr 1855.

Leuchtturm

Am Dorfrand, westl. des Badwegs, Juli/Aug. Mo–Fr 14–16, Sa/So 10.30–12, Nov.–März Mi 14–16, Sa/So 10.30–12 Uhr, 2,50 €
Auf einer 40 m hohen Düne, der höchsten der Watteninseln, schraubt sich der rote, gusseiserne, plexiglasbekrönte *vuurtoren* in die Höhe. Sein kurioses Anhängsel, ein Aussichtspunkt auf Pfählen, entstand 1929. Von hier oben, 55 m über N. N., hat man einen schönen Blick über die Insel und bei klarem Wetter bis Harlingen.

Tromp's Huys

Dorpsstraat 99, Mai–Sept. Di–Fr 11–17, Sa/So 14–17, Okt.–April Di–Sa 14–17 Uhr, 2,75 €
1575 gab die Admiralität Amsterdams das architektonische Juwel und wohl älteste erhaltene Gebäude der Insel in Auftrag. Seit 1955 illustriert es als Museum Vlielands Geschichte. Neben archäologischen Funden, Erinnerungsstücken aus der Zeit der Walfänger und einer wertvollen Kartensammlung ist der Nachlass der norwegischen Malerin und ehemaligen Besitzerin Betzy Berg (1850–1922) wesentlicher Bestandteil der Ausstellung.

Bezoekerscentrum De Noordwester

Dorpsstraat 150, Tel. 0562 45 17 00, www.denoordwester.nl, Öffnungszeiten s. Website, 4,50 €; mit Internetcafé (1,60 €/30 Min.) und Cafeteria
Neben einer gelungenen Ausstellung zu Flora und Fauna der Insel ist der zweite Schwerpunkt des Besucherzentrums die Entstehungsgeschichte Vlielands und seine Einwohner. Spannend sind das Seeaquarium und das Rochenbecken, das Skelett des Pottwals, der 2004 an Vlielands Strand angespült wurde, und der Besuch des Dachbodens: Hier oben drängen sich Hunderte von *jutterszaken*, angespültes Strandgut. Das Besucherzentrum organisiert alle **Exkursionen auf der Insel.** Karten dafür kann man hier auch schon vorab bekommen.

Wellenbrecher

Der Strand im Nordosten der Insel ist sehr schmal, weshalb hier seit 1854 Buhnen und Strandpfahlreihen im Wasser angelegt wurden, um das weitere Wegspülen des Sandes zu verhindern. Insgesamt gibt es auf Vlieland 64 solcher Wellenbrecher, die man auf den anderen Watteninseln fast vergeblich sucht. Das Straßen- und Wasserbauamt ist für ihre Wartung zuständig, ein teures Vergnügen. Die modernen Küstenschutzmaßnahmen – Sandanschwemmen, künstliche Dünen aufwerfen etc. – sind weitaus günstiger.

Übernachten

Inselatmosphäre und Lounge-Ambiente – **Badhotel Bruin:** Dorpsstraat 88, Tel. 0562 45 13 01, www.badhotel bruin.com, DZ ab 110 €. Ältestes und bekanntestes Inselhotel mit sehr gemütlicher Atmosphäre, Basic- bis Luxuszimmern und Familiensuiten (Bad/Dusche, WC). Viele Zimmer sind frisch renoviert und z. T. mit Hästens-Betten ausgestattet. Straßenterrasse, Lounge mit (offenem Kamin, Restaurant, altholländisches Café, Wellnessbereich.
Hafenblick – **Hotel Zeezicht De Luxe:** Havenweg 1, Tel. 0562 45 13 24, www.zeezichtvlieland.nl, DZ ab 100 €. Gegenüber der Anlege- ▷ S. 68

7 | 400 Jahre Inselgeschichte – Nikolauskirche und Armenhaus

Karte: ► Karte 2, H 8

Zwei Meisterwerke der Watten-architektur des 17. Jh., des Goldenen Jahrhunderts der Niederlande, präsentieren sich im beschaulichen Hauptort Vlielands: Nicolaaskerk und Armhuis. Beide Bauwerke blicken auf eine mehr als 400-jährige Inselgeschichte zurück und laden zur Besichtigung ein. Begegnen Sie in der Kirche der glorreichen maritimen Geschichte der Watteninseln, deren dunklen Seiten Sie im Armenhaus auf die Spur kommen.

Dort wo heute die **Nicolaas-von-Myra-Kirche** 1 steht, sollte schon 1245 eine Kapelle gebaut werden. Doch als die Dorfbewohner von West-Vlieland sich vermehrt in Ost-Vlieland ansiedelten, wurde ein größeres Gotteshaus notwendig, das 1605 erbaut wurde und 1647 seine Form als Kreuzkirche erhielt. Die Kirche hat eine ganz besondere Einrichtung: Ein Großteil der Möbel wurde aus Schiffsholz gefertigt; in die Kanzel ist eine Tür aus einem Schiffswrack eingearbeitet, Schiffsmasten dienen als Säulen und einige Kirchenbänke wurden aus Treibholz gezimmert. Einzigartig sind auch die kupfernen Kronleuchter, von denen einer ein Geschenk des berühmten Admirals De Ruyter ist, den dieser selbst 1660 von der schwedischen Regierung geschenkt bekam. Auf dem Friedhof nutzten die Vlielander bis ins 18. Jh. Walkiefer als Grabsteine – einige davon sind jetzt im Kirchenraum zu bewundern.

Ein Haus für alle!

Die eng mit der matritimen Geschichte der Insel verbundene Kirche stellt für die protestantische Gemeinde Vlielands Räume zur Verfügung; jeden Sonntag findet ein Gottesdienst statt. Das Gebäude wird häufig auch für kulturelle Veranstaltungen genutzt: Chöre und

Musikensembles sind zu Gast auf der Insel, um in diesem historischen Ambiente ein Konzert zu geben, häufig nur bei Kerzenschein. Diese Veranstaltungen ziehen in der Hochsaison immer mehr Touristen an.

Ein gutes Leben für alle?

Im Einklang mit der diakonischen Tradition der Kirche wurde bereits 1632 der Bau des Armen- und Pfarrhauses neben der Kirche geplant. Ursprünglich wollte man alten Seemännern ein Dach über dem Kopf bieten und das **Armenhaus**  hieß bald nur noch ›Männerhaus‹. Das Gebäude wurde in derselben Bauweise und mit denselben Materialien, u. a. den typisch friesischen gelben Backsteinen, errichtet wie das Gotteshaus, wodurch beide Häuser ein prächtiges, monumentales Ensemble formen.

Das Männerhaus wurde noch im selben Jahrhundert in ein Diakoniehaus umgewandelt. Seitdem haben dort unzählige mittellose ältere Männer und Frauen und Waisen gelebt, aber auch Schiffbrüchige. Die zur Unterhaltung benötigten Gelder kamen u. a. aus der Vermietung von Dünengebieten zur Kaninchenjagd. Doch auch das sogenannte Armengeld, das einlaufende Schiffe entrichten mussten, spielte bei der Finanzierung eine wichtige Rolle. Selbstversorgung war angesagt: Im Garten pflanzte man Obst und Gemüse an, und es gab Vieh, das als Lieferant für Milch und Fleisch diente. In dieser Weise wurde das Diakoniehaus bis 1950 geführt, bis es schließlich an eine Stiftung ging, die den Gebäudekomplex komplett renovieren ließ.

Heute findet man in dem schönen alten Haus ein **Restaurant** mit **Galerie**, das mitunter als exklusive und sehr beliebte Hochzeits-Location (nicht nur für Inselbewohner) genutzt wird.

Infos

Nicolaaskerk : Kerkplein, Juni–Sept. Mi 10–11, So um 10 Uhr Gottesdienst. Ganzjährig **Konzerte bei Kerzenschein:** Renommierte Musiker spielen in der Kirche (10 €, www.protestantsegemeentevlieland.nl).

Historisches Ambiente

Willkommen in einem der schönsten Cafés der Insel: **Het Armhuis** lockt nicht nur mit Äpfeln im Schlafrock *(appelbollen),* auch Fisch-, Geflügel-, Fleisch- und Wildgerichte munden (ab 22 €, Kerkplein 6, Tel. 0562 45 19 35, www.armhuis.com). Sehr intime Esszimmer und eine herrliche Terrasse im Garten warten auf Gäste.

Günstige Alternative

Im Familienrestaurant **De Richel** sind vor allem Familien mit Kindern gut aufgehoben. Tipp: Leber mit Speck (Dorpsstraat 146, Tel. 0562 45 14 14, www.derichelvlieland.nl, April–Okt. tgl. 10–22 Uhr, Gerichte ab 10 €).

Im ehemaligen Armenhaus kann man bei leckeren Gerichten prima relaxen

stelle der Fähre gelegen, ist das Hotel einer der Hotspots der Insel. Besonders beliebt ist die Terrasse mit Blick auf den Hafen. Freundliches Personal. Ein Hotel, in dem man sich zu Hause fühlt. Halbpension empfehlenswert. Nach Zimmern mit Meerblick und Balkon fragen.

Charmant – **Hotel Restaurant De Herbergh van Flielant:** Dorpsstraat 105, Tel. 0562 45 14 00, www.deherberghvanflielant.nl, DZ ab 86 €. Einfaches, aber sehr gastfreundliches Haus mit schönem Ambiente nur 5 Gehmin. vom Hafen. Auch Restaurant mit Gartenterrasse am Watt. Am schönsten sind die Zimmer mit Meerblick.

Direkt am Meer – **Strandhotel Seeduyn:** Badweg 3, Tel. 0562 45 15 60, www.hotels.nl/de/vlieland/seeduyn, DZ ab 80 €, Apartments ab 80 € pro Tag. Modernes Hotel der Westcord-Kette (100 Zimmer, 50 Familienapartments, alle mit Dusche/Bad, WC), das etwas gesichtslos wirkt. Seine Vorteile – direkt am Meer, kinderfreundlich, komfortabel – machen es aber besonders für Familien attraktiv; mit Restaurants, Terrasse, vielen Freizeitangeboten, Hallen- und Freibad mit Kinderbecken, Sauna, Strandpavillon und Reitstall.

Warm und gemütlich – **De Wadden:** Dorpsstraat 61, Tel. 0562 45 26 26, www.hoteldewadden.nl, DZ ab 80 €. Zentral in der Dorpsstraat gelegenes schönes Familienhotel (auch Westcord) in der ehemaligen Seefahrtsschule mit großem Garten, Bar, Restaurant und Bruin Café. Die meisten der 22 Zimmer verfügen über Balkon oder Terrasse und Dusche/Bad und WC. Nach den Zimmern mit Blick aufs Wattenmeer fragen.

In den Dünen gelegen – **Hotel De Bosrand:** Duinkersoord 113, Tel. 0562 45 12 48, www.hoteldebosrand.nl, DZ ab 80 €. Die Lage macht's: 100 m vom Nordseestrand entfernt, schön in den Dünen und am Waldrand gelegenes Hotel garni mit Nichtraucherzimmern (Bad/Dusche, WC), Sonnenterrasse und Sauna. Ein solider Familienbetrieb mit vielen Stammgästen.

Für Jung und Alt – **Kampeerterrein Stortemelk:** Kampweg 1, Tel. 0562 45 12 25, www.stortemelk.nl, April–Sept.

Großer Campingplatz direkt am Nordseestrand, 15 Gehmin. vom Dorf entfernt; durch seine Lage und Ausstattung ist er besonders für Familien attraktiv (Supermarkt, Aufenthaltsraum, Café, gute sanitäre Einrichtungen, vielfältige Freizeitmöglichkeiten) .

Für Naturliebhaber – **Natuurkampeerterrein De Lange Paal:** Postweg 1a, Tel. 0562 45 16 39 (9–12 Uhr), www.langepaal.com, April–Sept., wer im Juli/Aug. kommt, muss im Voraus reservieren. 3 km westlich vom Dorf inmitten von Wald und Dünen gelegener kleinerer Platz, ideal für Ruhesuchende und Naturliebhaber; einfache, aber zweckmäßige Ausstattung. Camper müssen im Besitz der Natuurkampeerkaart (9 €) sein, die auf dem Platz verkauft wird. Hunde sind nicht erlaubt.

Essen und Trinken

Frisch aus dem Meer – **Visrestaurant De Wadden:** Adresse s. Hotel De Wadden S. 68, Lunch 11–16.30, Dinner ab 18 Uhr, 3-Gänge-Wattmenü für 30 €. Gemütliches Restaurant, das berühmt ist für seine frischen Krebse und Muscheln; besonders das ›Plateau de Fruits de Mer‹ (37 €) ist zu empfehlen.

Gute Eintöpfe – **Grand Café De Stoep:** Dorpsstraat 81, Tel. 0562 45 14 95, www.grandcafevlieland.nl, 15–21/23 Uhr, Gerichte ab 15 €. Auch Snacks. Spezialität des Grand Cafés sind seine köstlichen *stoofpotjes* (Fisch, Lamm, Kalb, Huhn); gute Weinkarte.

Für Familien – **De Lutine:** Dorpsstraat 114–118, Tel. 0562 45 14 77, www.de-lutine.nl, tgl. ab 10 Uhr, Gerichte ab 14 €. Liebevoll eingerichtetes Eetcafé mit Terrasse – eine ausgezeichnete Adresse für Familien mit Kindern. Bodenständige Küche mit guten Fisch- und Fleischgerichten (Tipp: »herrliche Spareribs«), internationale Spezialitäten, gutes Salatbuffet. Zum Nachtisch

sind die Sorbets und der hausgemachte Apfelkuchen ein Muss. Cocktailkarte!

Sand und Meer – **Het Badhuys:** Badweg 3, Tel. 0562 45 19 92, Lunch 12–17, Abendkarte ab 17 Uhr, Pizza ab 12 €, Gerichte ab 13 €. Essen am Strand (Pizza, Fleisch-, Fischgerichte) mit Traumaussicht aufs Meer im einzigen Strandpavillon Vlielands. Im Sommer: Swinging Nights und Beachpartys.

Hafenlounge – **Havenpaviljoen De Dining:** Havenweg 70, Tel. 0562 45 10 20, www.dedining.nl, tgl. ab 10 Uhr, Gerichte ab 11 €. Strandpavillion mit wundervoller Aussicht auf den vergrößerten Jachthafen und das Wattenmeer. Auf der großen Lounge-Terrasse kann man bei schönem Wetter Cocktails genießen. Die gut bestückte Speisekarte enthält u. a. ausgezeichnete Salate.

Ausflugsziel – **Het Posthuys:** s. S. 72

Einkaufen

Flohmarkt – Sa 13–15.30 Uhr am Anfang der Dorpsstraat.

Backkunst – **Bakkerij Westers:** Dorpsstraat 98. Hier gibt's u. a. Cranberrybrot und super leckeren vlieländischen Apfelkuchen.

Getränke von der Insel – **Slijterij De Branding:** Dorpsstraat 58. Hochprozentiges, Cranberrywein, Kräuterbitter etc. im Angebot.

Inseldelikatessen – **Delicatessenwinkel Zilt:** Dorpstraat 8, www.ziltvlieland.nl. Am Anfang der Dorpsstraat befindet sich dieses Geschäft voller Köstlichkeiten. Die hohen weißen Schränke sind gefüllt mit Olivenöl, Cranberrymarmelade, Schokolade, Kräutern und Küchenutensilien, die Vitrinen mit Käse, Fleisch und Oliven.

Eis das ganze Jahr – **De Friese IJssalon Min12:** Dorpsstraat 84, www.min12.nl. Ob Hochsommer oder tiefster Winter, ein gutes Eis schmeckt immer. Diese herrlich minimalistisch eingerichtete Eisdiele dient gleichzeitig als Foyer des Theatersaals des Podium Vlieland (s. u., Ausgehen).

Ausgehen

The place to be (seen) – **De Oude Stoep:** Dorpsstraat 81, www.deoude stoep.nl. Dieses vielseitige Lokal bietet für jeden Geschmack etwas: das Feest-café (öffnet um 21 Uhr), die Disco (im Sommer tgl. ab 23 Uhr) und den gemütlichen Pub (ab 23 Uhr), in dem man bis in die späten Stunden gesellig beisammensitzen kann.

Inselgemütlichkeit – **Café de Zeevaert:** Dorpsstraat 61, www.dezeevaert. nl, So, Mi, Do 19–1, Fr, Sa 17–1, Fr, Sa Happy Hour 17–18, 22–23 Uhr. In diesem gemütlichen Café mit hauseigenem Troubadour trifft sich gemischtes Publikum mit einer Schwäche für holländische Schlager.

Theater, Film und Festival – **Podium Vlieland:** Dorpsstraat 84, www.podi umvlieland.nl. In dem mit tiefroten Plüsch eingerichteten kleinen Kino mit angeschlossenem Theater finden regelmäßig (Film-)Vorstellungen statt.

Sport und Aktivitäten

Strand – feinsandig, kinderfreundlich; im Juli und Aug. am Dünenübergang/ Badweg bewacht, mit Strandpavillon).

Schwimmen – **Schwimmbad Flidunen:** De Uitlegger 2, www.sportcompex flidunen.nl. Hallenbad mit 50-Meter-Rutsche, Jetstream, vielen Veranstaltungen rund ums Wasser.

Fahrradverleih – **am Anleger,** Dorpsstraat 2, 8, 17 und 113.

Radfahren – ausgezeichnetes **Radwegenetz:** Infos beim VVV, s. S. 71.

Hochsee- und Wrackfischen – Infos beim VVV, s. S. 71

Reiten – **Isländer-Reitstall Edda:** Fortweg 9, Tel. 0562 45 11 28; **Manege De Seeruyter:** Badweg 3, www.

manegedeseeruyter.nl. Unterricht und Ausritte für Anfänger und Fortgeschrittene, Ponyreiten, Planwagenfahrten.

Tennis – beim **Strandhotel Seeduyn:** Badweg 3, Tel. 0562 45 15 60. **Tennisclub Vlieland** beim Schwimmbad: Reservierung Tel. 0562 45 10 10.

Minigolf – **Minigolfanlage Eldorado:** beim Büro der Staatlichen Forstverwaltung im Wald hinter dem Fähranleger, Tel. 0562 45 17 33.

Outdoor-Experte – **Evenementenbureau Jan van Vlieland:** Havenweg 7, Tel. 0562 45 14 62, www.vlieland evenementen.nl. Fahrt mit dem Garnelenkutter, Hochseefischen, Fallschirmspringen, Strandsegeln, Windsurfen etc.

Schlittschuhbahn – Die schön mitten im Wald gelegene natürliche **IJsbaan** ist im Winter eine der größten Vergnügungen. Zu erreichen über Lutinelaan oder Badweg, dann Langebaan.

Windsurfen – auf der Nordsee und vor allem auf dem Wattenmeer.

Wandern – Die **Staatliche Forstverwaltung** hat auf Vlieland mehrere markierte Wanderwege angelegt (3,5–5,5 km; Infos beim VVV. Wer sich unter die Fittiche eines sachkundigen Führers begeben möchte, erhält Infos und Karten im Besucherzentrum **Noordwester** (s. S. 65). Themen u. a.: Wattexkursion, Dünenwanderung, Ausflug in die **Kroon's Polders,** ist besonders Vogelliebhabern zu empfehlen (s. S. 72), eine von Rijkswaterstaat organisierte Führung, die sich u. a. mit Themen wie der Strandbefestigung beschäftigt, ein Rundgang mit dem Nachtwächter – spannend nicht nur für Kinder.

In der Umgebung

Kooispleklid und **Cranberryvlakte** (► Karte 2, G 8): Das Dünengebiet liegt westlich der Vuurboetsduin und mündet schließlich in eine mit Preiselbeeren bewachsene Ebene.

Nieuwe und **Oude Kooi** (▶ Karte 2, G 8): Der neue, nie in Betrieb genommene Entenfang liegt kurz vor dem Pad van Twintig und ist heute ein Paradies für verschiedene Vogelarten. Die alte Entenkoje befindet sich im ältesten Waldgebiet Vlielands (19. Jh.) kurz hinter dem Pad. Noch bis zum Zweiten Weltkrieg wurden hier Enten gefangen. Der Wald rund um diesen Teich wirkt wild – ein bezauberndes Fleckchen zum Rasten.

Bomenland (▶ Karte 2, G 8): Diese große Nadelbaumanpflanzung kurz vor dem Posthuys stammt aus dem beginnenden 20. Jh. Inzwischen durchsetzen Laubbäume den alten Bestand – sie brauchen weniger Wasser als Nadelbäume – und schaffen so ein abwechslungsreicheres Bild. Wer mag, kann hier das Fahrrad für eine Weile abstellen und dem markierten Wanderweg folgen.

Dodemansbol (▶ Karte 2, G 8): Auf dem Mini-Friedhof gegenüber Bomenland fanden Seeleute, die an ansteckenden Krankheiten gestorben waren, ihre letzte Ruhe.

Vliehors: `direkt 8` ▶ S. 72

Infos und Termine

VVV: Havenweg 10, Tel. 0562 45 11 11, www.vlieland.net, Mo–Fr 9–12.30, 13.30–17 Uhr sowie abends und Sa/So bei Ankunft und Abfahrt von Fähre und Schnellboot.

Fähre: mehrmals tgl. Fähr- (ca. 1,5 Std) und Schnellbootverbindungen (ca. 45 Min.) von Harlingen; Karten dort; Infos: www.rederij-doeksen.nl.

ÖPNV / Pkw-Verbot für Gäste: Auf der Insel stehen bei Ankunft der Fähre Taxis, Pferdewagen, Linien- und Hotelbusse bereit. Wer selbst zum Häuschen oder Hotelzimmer laufen, sein Gepäck aber chauffieren lassen möchte, ist richtig bei www.bagagevervoervlieland.nl.

Jachthafen: Havenweg 28, Tel. 0562 45 17 29.

Rondje Vlieland/Geitenloop: 25 km lange Wanderung im Juni durch Dünen, Dorf und am Strand entlang.

Vlieland Groet: coole Strandparty am 1. Aug.-Wochenende, www.dam20.nl.

Into the Great Wide Open: Popfestival am 1. Sept.-Wochenende, www.intothegreatwideopen.nl.

Strandglück in den Dünen

8 | Trauen Sie sich – durch die ›Sahara des Nordens‹ und nach Texel

Karte: ▶ Karte 2, F 9–E 10 | **Dauer:** mit Bootsfahrt (1,5 Std.) Tagesausflug

Am Posthuys wartet schon Maarten Nijman, der Sie in seinem umgebauten Lastwagen durch Dünen und über eine gewaltige Sandebene zur mehr als 100 Jahre alten Rettungsstation, heute Museum der Seeräuberei, bringt. Mit etwas Glück bekommen Sie hier auch Seehunde zu Gesicht. Weiter geht's zur ›Vriendschap‹, einem alten Fischkutter, der Sie für einen Tagesausflug über die Wellen nach Texel schaukelt.

Die ›Sahara des Nordens‹

Het Posthuys [1] auf Vlieland verdankt seinen Namen dem Insel-Postillon, der hier sein Quartier aufgeschlagen hatte. In alten Zeiten wurde die Post von hier mit Pferd und Wagen zu einem festen, 8 km entfernten Treffpunkt mit dem texelschen Postboten aufs Vliehors gebracht, von dort mit einem Boot weiter nach Texel und schließlich nach Amsterdam befördert. Kein leichter Job für den Vlielander Postillon, der bei Wind und Wetter raus musste. Innerhalb von erstaunlichen zehn bis zwölf Stunden hatten die sogenannten Seebriefe und die übrige Post via Den Helder ihr Ziel erreicht. In Amsterdam warteten die reichen Kaufleute bereits ungeduldig auf Nachricht von den einlaufenden Schiffen. 1927 ersetzten Postflugzeuge den Postweg über Land und Meer. Heute ist das Posthuys ein hervorragender Rastplatz für Radfahrer und Wanderer.

›Sollbruchstelle‹ Polder

Etwas weiter westlich liegen die **Kroon's Polders** [1]. Diese entstanden aus der Not: Um eine Zweiteilung Vlielands zu vermeiden – immer mehr Land ging an dieser ›Sollbruchstelle‹ verloren – wurde das Gebiet erfolgreich eingepoldert. Die staatliche Forstverwaltung lässt in das zwischen 1900 und 1930 eingedeichte Naturschutzgebiet regelmäßig Seewasser fließen, um es so attraktiv wie möglich für Vögel zu machen. Insbesondere Eiderenten, die wichtigsten Brutvögel Vlielands, haben sich hier niedergelassen. Die Zahl der hier brütenden Eiderenten wird pro Jahr auf einige Tausend Paar geschätzt, neben mehr als 70 anderen Vogelarten.

Beschäftigung contra Natur

Am Ende des Polderweges ist Schluss für Radfahrer, hier geht es nicht weiter. Eine gewaltige sandige Ebene liegt vor dem Betrachter: das **Vliehors** 2 — wenig bescheiden auch ›Sahara des Nordens‹ genannt. Um seine Dimensionen zu erfassen: Es nimmt flächenmäßig fast die Hälfte der Insel ein. Seit dem Ende des Zweiten Weltkriegs wird die ausgedehnte Sandfläche als militärisches Übungsgebiet, insbesondere für Tiefflüge, genutzt. Die Nutzung der z. T. unter Schutz stehenden Fläche rief Naturschützer auf den Plan, die gegen die von September bis April stattfindenden Schieß- und Flugübungen protestieren. Die Vlielander selbst halten sich bei diesem Thema allerdings eher bedeckt: Neben dem Tourismus ist die Arbeit beim und für das Militär die wichtigste Einnahmequelle für die Bevölkerung.

Mit dem Lastwagen durch den Treibsand

Das Vliehors ist an den Wochenenden, an denen das Militär nicht übt, frei zugänglich. Doch es ist nicht empfehlenswert, über die sandige Ebene zu wandern. Denn im Vliehors wird immer mal wieder scharfe Munition gefunden, gibt es tückischen Treibsand, und auch die schnell hereinbrechende Flut kann gefährlich werden. Dank des **Vliehors-Expres** ist ein Besuch der ›Sahara‹ jedoch trotzdem möglich — sicher fährt

Übrigens: Maarten ist nicht nur Chauffeur, wenn Sie möchten, fungiert er auch als Ihr Trauzeuge, das Reddinghuisje ist nämlich eines der beliebtesten **Traulokale** der Niederlande … Immer häufiger geben sich Ehewillige hier das Ja-Wort. Seit Kurzem kann man sich auch auf Texel am Strand trauen lassen, vor dem Strandpaviljoen an Paal 33 (s. u.).

Maarten seine Gäste über die weite Ebene. Er hat eine wohl einzigartige Absprache mit dem Militär getroffen: Nach telefonischer Kontaktaufnahme mit dem Kommandanten darf der umgebaute MAN-Lastwagen losdüsen — die Flieger haben zu warten!

Bis hin zum **Vlielander Reddingshuisje** 3, einem Wahrzeichen der Insel, geht die Fahrt. Häufig sind auch Seehunde zu sehen. Die 100 Jahre alte ehemalige Rettungsstation auf Stelzen bietet inmitten des Sandes einen hübschen Anblick und findet sich daher auch auf vielen Postkarten und Buchtiteln wieder. Heute ist hier ein kleines Museum eingerichtet, das über die *jutterij* informiert. Bislang skurrilster Fund: ein künstliches Gebiss …

Liebt Vlieland im Sommer: die Eiderente

Vlieland

Texel grüßt …

Weiter südwestlich liegt der gut 150 m lange Landungssteg, an dessen Ende der **Kutter Vriendschap** anlegt, der Besucher in einer halben Stunde nach Texel bringt. Im Rahmen dieser netten Tagestour landet man in der Nähe des Leuchtturms (s. S. 61) und praktischerweise direkt an einem empfehlenswerten **Strandpavillon** ▣2 am Paal 33. Hier jetzt nur nicht hängen bleiben, sondern kräftig in die Pedale treten, um die größere Nachbarinsel zu erkunden …

Infos

Vliehors-Expres: Tel. 0562 45 19 71, www.vliehorsexpres.nl, Karten im Lädchen 't Zeepaardje, Dorpsstraat 138; Abfahrt im Sommer vom Posthuys ab 13.45 Uhr (Bus ab 13 Uhr vom Veerdam), außerhalb der Hochsaison vom Strandhotel Seeduyn ab 13 Uhr; in der Hochsaison auch Abendfahrten mit Lagerfeuer, heißer Schokolade und Live-Musik, Di–Do 20 Uhr ab Bolder/Camping Stortemelk, Seeduyn. **Tagesausflug nach Texel:** Mai–Sept.; ab Posthuys mit dem Vliehors-Expres, bis zu 2 x tgl.; Fahrtzeiten unbedingt vorher erfragen: www.waddenveer.nl oder Tel. 0222 31 64 51. Eine halbe Stunde später ist der Steg in Sicht, wo Sil Boon schon mit seiner ›Vriendschap‹ wartet (Kartenvorverkauf im Zeepaardje, Dorpsstraat 138), und noch eine halbe Stunde später ist texelscher Boden erreicht; Weiterfahrt mit dem Bus oder mit Fahrrädern. Diese entweder mitbringen, was bei einer Rundfahrt nicht möglich ist, oder auf Texel beim Pavillon leihen. Rückfahrt um 16/17.15 Uhr. Juli/Aug. tgl., sonst Di–Do, So.

Entspannt genießen

Nach einer Radtour empfiehlt sich **Het Posthuys** ▣1 auf Vlieland zur Rast, insbesondere für Familien geeignet. Es werden u. a. schmackhafte Sandwiches und Pfannkuchen serviert (jeweils ab 8 €). Es gibt eine große Terrasse, aber auch drinnen kann man prima verweilen: Der modern eingerichtete Raum und das gut bestückte Bücherregal lassen einen die Zeit schnell vergessen. An einigen Abenden gibt es spezielle Dinnerangebote, z. B. ein 2-Gänge-Menü à 25 € (Postweg 4, 7 km westl. vom Dorf, Tel. 0562 45 12 82, www.posthuysvlieland.nl, tgl. 9.30–17 Uhr).

Auch im **Strandpaviljoen** ▣2 in Texel am Paal 33 kann man herrlich relaxt einen Snack oder ein Bier genießen, drinnen oder auf der schönen Terrasse mit Blick aufs Wattenmeer (Volharding 4, Tel. 0031 06 24 27 16 91).

Vlieland
3 km
Vlieland
Noordzee
Vriendschap
Waddenzee
Vriendschap
Texel
De Cocksdorp

Terschelling

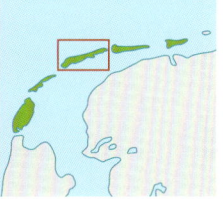

Im Zickzackkurs, an der Vogelinsel Griend vorbei, schlängelt sich die Fähre zur zweitgrößten niederländischen Watteninsel (30 km lang, max. 4,5 km breit). Bei der Ankunft im wirklich malerischen Hafen, dessen Hintergrund das ebenso malerische West-Terschelling bildet, wähnt man sich in südlicheren Gefilden – nicht zuletzt, weil es hier äußerst lebhaft zugeht. Kein Wunder, dass die Insel, insbesondere ihr Hauptort, viele junge Leute anlockt. Schließlich warten zahlreiche Restaurants, Cafés, Bars und Aktivitäten auf sie.

Die ca. 5000 Einwohner zählende Insel ist allerdings kein ›Ballermann-Revier‹. Vielmehr befriedigt sie die unterschiedlichsten Bedürfnisse. Wer den Trubel nicht mag, meidet **West-Terschelling** bzw. **Midsland** einfach am Wochenende und Abend – oder besucht die übrigen vier Dörfer, die sich an dem von West nach Ost verlaufenden, 16 km langen Hoofdweg aneinanderreihen. Bis auf West, das auf z. T. abgetragenen Dünen entstand, liegen alle Dörfer und Bauernschaften im Poldergebiet im Süden der Insel. Die hübschen Ferienhaussiedlungen **West aan Zee** und **Midsland aan Zee** hingegen schmiegen sich in die Dünenketten im Norden.

›Skylge‹ oder ›Schylge‹, wie Terschelling auf Friesisch heißt, besitzt eine abwechslungsreiche Landschaft, die auch Ruhesuchenden ausreichend Platz einräumt – selbst in der Hochsaison. Ein rund 70 km langes Radwandernetz erschließt die Insel – ausgenommen das 4400 ha große Naturschutzgebiet **De Boschplaat,** das den gesamten Ostteil der Insel ausmacht.

Darüber hinaus besitzt Terschelling neben seinem großen Polder (1300 ha), der zahlreichen Bauern ein Auskommen und Tausenden von Vögeln bis in den Frühling hinein sicheren Unterschlupf gewährt, große Waldgebiete (617 ha), Salzwiesen, eine gewaltige Sandplatte im Westen, **De Noordsvaarder,** sowie einen 30 km langen und bis zu 1 km breiten Puderzuckerstrand. Seine Dünenketten an der Küste bilden das größte zusammenhängende Naturgebiet der Niederlande, in dem die Hälfte aller wild in Holland vorkommenden Pflanzen wächst – insgesamt ca. 700. Nicht umsonst genießt Terschelling, zu 80 % naturbelassen, den Ruf, die intakteste Natur der Watteninseln zu besitzen. Landwirtschaft spielte schon immer eine Rolle auf der Insel, reich wurden ihre Bewohner aber durch Walfang, Lotsenwesen und Handelsschifffahrt. Die bedeutenden Handelsrouten von Amsterdam zu den Ostseehäfen verliefen durch das **Vlie** zwischen Vlieland und Terschelling bzw. Marsdiep südlich von Texel. Rund ein Viertel der Ostseeflotte lag im 17. Jh. vor Vlieland und Terschelling auf Reede. Problematisch wurde die Lage gegen Ende des 18. Jh., als die Dampfschiffe den Untergang der Segelschifffahrt einläuteten. Man verlegte sich auf die Küstenfischerei, vor allem Hering, Muscheln und Austern. Als damit immer weniger verdient wurde, bot ein neuer Wirtschaftszweig den Ausweg: der Tourismus. Heute finden die meisten Schylger ihr Auskommen in dieser Branche.

West-Terschelling ▶ J 7

Die Ankunft in West, wie die Schylger ihr Hauptdorf nennen, ist ein Erlebnis. Der betriebsame Ort (2700 Einw.) mit seinen hübschen Häuschen duckt sich im Schatten des **Leuchtturms.** Die Restaurants und Cafés in der ersten Reihe sind sehr gut besucht, die Korbstühle draußen besetzt. Jeder will einen Blick auf die Ankommenden werfen.

direkt 9 ▌ S. 77

Auch rechts der Fähre bietet sich dem Betrachter ein buntes Bild: Im einzigen **Naturhafen** Hollands liegen bis zu 400 Schiffe vor Anker. Die Kutter der Garnelenflotte recken ihre Metallarme mit gewaltigen Schleppnetzen hoch in die Luft. In der Nachbarschaft sind große Jachten und zahlreiche Segelschiffe der Braunen Flotte vertäut. Die Besatzungen fläzen sich auf Deck oder Kais, wohl wissend, dass ihre Boote eine kleine Attraktion darstellen.

Zeeliedenmonument

W. Barentszkade zum Groene Strand folgen, kurz vor Paviljoen De Walvis
Eindrucksvolles Denkmal (1993), das an alle erinnert, die auf See blieben. Mit hoch geschlagenem Kragen steht die Seemannsfrau da, den Blick starr aufs Meer gerichtet. Trost spendet nur die Inschrift: »Sie sind nicht wirklich tot, sie leben in unserem Herzen weiter.«

Centrum voor Natuur & Landschap

Burgemeester Reedekerstraat 11, Tel. 0562 44 23 90, www.natuur

museumterschelling.nl, in der Hochsaison Mo–Fr 9–17, Sa, So 14–17 Uhr, sonst Öffnungszeiten erfragen, 5,50 €
Das Museum thematisiert Natur, Naturgeschichte und Landschaftsformen der Insel (schönes Gezeitenmodell). Die Ausstellung ist etwas textlastig und überwiegend auf Holländisch, die Aquarien aber ziehen alle in den Bann. Die meisten Zuschauer versammeln sich ums Rochenbecken: Die glitschigen Meeresbewohner darf man streicheln.

Übernachten

Luxus pur – **Hotel Schylge:** Burgemeester van Heusdenweg 37, Tel. 0562 44 21 11, www.westcordhotels.nl, DZ ab 150 €. Wunderschön in der Bucht von West, am Jachthafen gelegenes, vor Kurzem liebevoll renoviertes Luxushotel mit 85 großzügigen Zimmern und 10 Familiensuiten, alle mit Balkon oder Terrasse. Mit großem Sport- und Freizeitangebot, Schwimmbad, Brasserie und Restaurant. Ein Traum: die Turmzimmer und die Brautsuite. Auch Apartments.

Der gute Ruf eilt voraus – **Hotel-Restaurant Nap:** Torenstraat 55, Tel. 0562 44 32 10, www.hotelnap.nl, DZ ab 115 €. Eines der schönsten und ältesten Häuser der Insel liegt am Fuß des Leuchtturms, den man von der Außenterrasse und von der exklusiven Brandarissuite (mit Whirlpool) stets fest im Blick hat. Die 32 hellen, komfortablen Zimmer verfügen jeweils über ein Bad mit Dusche/WC; die Zimmer ohne Bad, die ›Kamer 30‹ und ›34‹ für Familien liegen in einem Anbau. Mit Restaurant, Café, Lounge, Solarium.

Inselambiente – **Hotel-Café-Restaurant Oepkes:** De Ruyterstraat 3, Tel. 0562 44 20 05, www.oepkes.nl, DZ um 100 €. In einer – abgesehen von den Kirchenglocken – ruhigen Seitenstraße der lebendigen Torenstraat liegt das gemütliche 19-Zimmer- ▷ S. 80

9 | Spalier der Kapitänshäuser – Rundgang durch West-Terschelling

Karte: ▶ J 7

Schon die Ankunft in West-Terschelling (kurz: West) ist spektakulär, landet man doch unter großem Hallo im einzigen Naturhafen der Niederlande. In dem quirligen Ort lebte man einst auf großem Fuß, wie die zahlreichen Kapitänshäuser, die sich unter dem mächtigen Leuchtturm ducken, eindrucksvoll erzählen. Und wenn Sie wissen möchten, wie die Seeleute damals lebten – kein Problem: Zwei der Häuser in Wests Paradestraße sind zu einem Museum umgewidmet worden.

West liegt im Schutz von Dünen und Wald und ist auch auf z. T. abgetragenen Dünen gebaut. Das Dorf wurde, nachdem die Engländer es 1666 niedergebrannt hatten, komplett neu erbaut. Wie reich seine Bewohner einst waren, lässt sich am besten an der Commandeursstraat ablesen. Auch in anderen Straßen sind einige, heute überwiegend liebevoll restaurierte alte Häuser erhalten geblieben, so in Molen- und Willem Barentszstraat.

Amsterdam stand Pate

Die schöne **Commandeursstraat** erhielt ihren Namen von den vielen prächtigen backsteinernen Kapitänshäusern, die hier entstanden – nach Amsterdamer Vorbild mit Treppengiebeln, kunstvollen Friesen, bogenförmigen Verzierungen über Fenstern, Türen und Einfassungen aus roten Steinchen am Fassadenrand. Waren die Kapitäne daheim, hing draußen ein Anker. Vor etlichen Türen wachen noch die *stoepstenen*, die einst die Grundstücksgrenze markierten. Die hohen, schmalen Kalksteine (fast alle 17. Jh.) sind vielfältig verziert. Andernorts auf der Insel fanden sie Verwendung als Grabsteine.

Blickfang in dieser hübschen, baumbestandenen Straße ist das **Museum**

't Behouden Huys 1 in Nummer 30–32: Stilechter könnte das kulturhistorische Museum der Insel nicht untergebracht sein als in den beiden *commandeurshuisjes* in Wests Paradestraße. Das liebevoll ausgestattete Behouden Huys, benannt nach dem Winterquartier des von Terschelling stammenden Polarreisenden Willem Barentsz auf Nowaja Semlja (1597) zeigt in zwei *stijlkamers,* wie es im 19. Jh. in den Häusern ausgesehen hat. Neben Ausstellungen zu Schifffahrt, Strandräuberei, Lotsen- und Rettungswesen ist Barentsz eine spezielle Abteilung gewidmet: Schlendern Sie über das (nachgebaute) Zwischendeck des Schiffes, mit dem der Forscher Spitzbergen entdeckte.

Maritime Vergangenheit

An der Ecke, an der die Commandeursdie Torenstraat kreuzt, wartet mit **Het Wakend Oog 1** eine besondere Sehenswürdigkeit: Das schöne, denkmalgeschützte Haus von 1882 diente den Seeleuten einst zum Plausch. Dann nahmen sie auf der *leugenbank,* der ›Lügenbank‹, Platz und spannen ihr Seemannsgarn. Heute ist es als schlichtes, aber gemütliches Koffie- en Theehuis jedem zugänglich. Auffällig: das wachende Auge über dem Eingang.

Ein paar Schritte entfernt, erinnert ein anderes Gebäude ebenfalls an die maritime Vergangenheit von West: das kleine, wenig spektakuläre, aber sehr liebevoll eingerichtete **Fischereimuseum Aike van Stien 2** mit Strandfunden, alten Fotos, Schiffsmodellen, Gebrauchsgegenständen und Schautafeln. Die wechselnden Ausstellungen sind nicht nur für Kinder spaßig!

Keine Insel ohne Turm

An ungewöhnlicher Stelle, nämlich mitten im Dorf, liegt der über den Häusern thronende, wuchtige Leuchtturm, der – wohl nach dem irischen Abt Brandan – von allen nur **Brandaris 3** genannt wird. Der 55 m hohe viereckige Turm ist übrigens im ganzen Land ein Begriff: Er ist der älteste der Niederlande (1594). Der Brandaris wurde beim Großen Brand 1666 verschont und versieht nun schon seit vier Jahrhunderten seinen Dienst, inzwischen aufs Modernste ausgerüstet. Er ist von großer Bedeutung für die Bewachung eines großen Teils der nördlichen holländischen Küste. Der Turm ist leider nicht (mehr) zu besichtigen. Auf der ersten Etage befindet sich aber ein kleiner Hochzeitssaal: Alle Einnahmen fließen in die Instandhaltung des Terschellinger Wahrzeichens.

Infos und Öffnungszeiten

Eine historische **Dorfwanderung** veranstalten u. a. VVV und Staatsbosbeheer (über den VVV; s. S. 81).
Museum 't Behouden Huys 1: Tel. 0562 44 23 89, www.behouden-huys. nl, April–Okt. Mo–Fr 10–17, Sa 13–17, 15. Juni–Sept. auch So 13–17, Nov.–März Mi–Sa 13–17 Uhr, 3 €.
Visserijmuseum Aike van Stien 2: Raadhuisstraat 4, hinter dem VVV-Gebäude, Tel. 05 62 44 33 88, www. visserijmuseumaikevanstien.nl, Mai–

Okt. Mo–Fr 10–12.30, 14.30–17.30, Nov.–April Do–Sa 14–17 Uhr, 2 €.

Genießen!

Het Wakend Oog 1 besticht nicht durch eine Gourmetküche, sondern durch seine behagliche Atmosphäre (Tel. 0562 44 23 71, gute Toasts, Brötchen, Hamburger ab 4 €). Ihre ganz besondere Lage zeichnet zwei andere Lokale aus: die geschützte Terrasse von **Restaurant Grand Café Zeezicht 2** bietet neben der ausgezeichneten

Küche einen First-Class-Blick auf Hafen, Fährschiff und Wattenmeer. Spezialität des gut besuchten Hauses: Seezunge (W. Barentszkade 20, Tel. 0562 44 22 68, www.zeezicht-terschelling. nl, Gerichte ab 15 €, günstige Menüs). Grandios ist auch die Aussicht von der großen überdachten Terrasse des Strandpavillons **De Walvis** 3 am Groene Strand. Das angesagte Lokal hat leckere Cocktails und Bierspezialitäten im Angebot (www.walvis.org, Frühjahr–Herbst Do–Di 10–24, sonst bis 22 Uhr).

Und abends?

Bei Einheimischen hoch im Kurs steht das **Café-Biljart Lieman** 1, das älteste Café der Insel mit Billardtisch und ab und zu Livemusik (Westerbuurtstraat 27, Tel. 0562 44 95 68). Tanzen kann man in der **Bar-Dancing De Braskoer** 2 mit Café für gemischtes Publikum und Disco für Jüngere (Torenstraat 32, www.braskoer.nl, häufig Livemusik, in der Saison tgl. DJs, sonst nur am Wochenende). Eine gute (Tanz)-Kneipe auch für die etwas Älteren mit Musik ›aus der Konserve‹ ist die **Bar Oka 18** 3 (Molenstraat 17, www.oka18.nl).

Ein Spektakel der Extraklasse

Zehn Tage ab Mitte Juni findet das international bekannte Straßentheater- und Musikfestival **Oerol** (www.oerol. nl) an den schönsten Flecken der Insel statt – am Strand, auf dem Wasser, im Wald, in West und in den anderen Dörfern (frühzeitig Unterkunft buchen).

West-Terschelling

100 m

Schreibt seit 30 Jahren Erfolgsgeschichte: das Oerol Festival – hier am Strand von West

Hotel Alle Zimmer mit Dusche/Bad und WC; gutes Restaurant – Tipp: Lammeintopf für 18 €.

Jugendherberge – **Stayokay Terschelling:** Burgemeester van Heusdenweg 39, Tel. 0562 44 23 38, www.stayokay.com, März–Okt., sonst an Wochenenden und in den Ferien, Bett ab 21 €, Wochenendzuschlag, diverse Arrangements. 50 m vom Wattenmeer entfernt liegt das renovierte, moderne Haus mit Schlafsälen und 1- bis 6-Personen-Zimmern, z. T. mit eigenem Bad. Mit Restaurant, Bar, Sonnenterrasse und großem Freizeitangebot.

Camping – **De Kooi:** Hee 9, am Fuß der Arjensdûne, Tel. 0562 44 27 43, www.campingdekooi.nl, Ende April–Mitte Sept. Großer, schön zwischen Düne und Wald gelegener, schattiger Platz direkt am Badesee mit guter sanitärer Ausstattung, Spielplatz, Laden, Bar und großem Freizeitangebot. 4 km vom Nordseestrand entfernt.

Essen und Trinken

Kleine, aber feine Karte – **Restaurant Pickwick's:** Torenstraat 19, Tel. 0562 44 22 23, www.pickwicks.nl, Gerichte ab 17 €. Ausgezeichnetes Restaurant mit mediterraner Saisonküche, hier trifft man auch die Schylger. Holz überwiegt im gemütlichen Gastraum, draußen wartet die geschützte Terrasse. Empfehlenswert: Lammrückenkoteletts vom Grill.

Saisonprodukte – **Mediterraan Restaurant Caracol:** Molenstraat 7, Tel. 0562 44 36 94, www.caracol.nl, kleines **Wellnesshotel** im Haus, Di–So Küche 17–ca. 22 Uhr, Gerichte ab 15 €. Mediterrane und holländische Saisonküche in gemütlicher Atmosphäre; im Sommer ist die kleine, ruhige Terrasse schön. Lecker: *caldeirada*, ein portugiesischer Eintopf.

Immer gemütlich – **Amsterdamsche Koffijhuis:** W. Barentszstraat 17, Tel. 0562 44 27 00, www.ak-terschelling.nl, Feb.–Dez. tgl. 16–1 Uhr, Gerichte ab 13 €. Gemütliches *eetcafé*, in dem man die Zeit vergisst. Tipp: die Käseplatte.

Biologisch dynamisch – **De Dis Croissanterie/Traiterie:** Boomstraat 17, www.dedis-terschelling.nl, tgl. 10–20 Uhr, Brötchen ab 2,50 €, Pizza ab 7 €.

Dieses Brötchenparadies hat mehr als 50 kalte oder warme Variationen im Angebot; auch Take-away.

Einkaufen

Insel-Köstlichkeiten – **De Jutter:** Boomstraat 14, www.typisch-terschelling.nl. *Die* Adresse für Delikatessen von der Insel wie Terschellinger Käse, Cranberryprodukte, Honig, Wattensalz.

Sport und Aktivitäten

Strand – breiter, feinsandiger und kinderfreundlicher Strand in West aan Zee, bei Paal 8 bewacht (Juli/Aug., Pavillon).

Schwimmbad – **Zwemparadijs De Dôbe:** Sportlaan 7, Tel. 0562 44 22 57. Subtropisches Schwimmbad (Hallenbad) für Groß und Klein, mit Außenliegeterrasse, Whirlpool, Rutschen, Sauna, türkischem Dampfbad. Freitags von 19 bis 21 Uhr Disco im Schwimmbad.

Radverleih – u. a. **Knop:** Torenstraat 10–12; **Zeelen:** W. Barentszkade 15.

Radfahren – ausgezeichnetes, 70 km langes **Radwegenetz.** Infos, Karten, Buchen von organisierten Touren beim VVV; Infomaterial für Touren auf eigene Faust ebenfalls dort.

Nordic Walking – ausgeschilderte Route bei West. Infos: VVV.

Reiten – 45 km langes **Reitwegenetz;** Reitställe in Hoorn, Landerum.

Strandsegeln – Mai–Sept.: nur zwischen Paal 1 und 8 (Clubhaus Brandaris bei Paal 8, West aan Zee) erlaubt, sonst am ganzen Strand. Infos: **Strandzeilschool Beausi,** Tel. 0562 44 80 55, www.strandzeilschool.nl.

Windsurfen – geschütztes Terrain auf der **Plaat** östl. von West; Surfstrand am **Wattenmeer** beim Maritiem Instituut (Richtung Midsland).

Tennis – **Tennisbaan West:** Sportlaan 2, Tel. 0562 44 24 09, 0562 44 31 68.

Schlittschuhbahn – auf dem Weiler **Doodemanskisten.**

Wandern/Führungen – **Exkursionen** veranstalten u. a. VVV und Staatsbosbeheer. Die meisten Führungen sind über den VVV zu buchen – auch die Führungen der **Terschellinger Natuurtochten** kreuz und quer über die Insel (www.terschellingernatuurtochten.nl). Zwei **markierte Routen:** Groene Strand–Doodemanskisten–Seinpaalduin (rot, 4 km, Start am Ende der W. Barentszkade) sowie durch den Wald von West (blau, 6,2 km, Start am Longway am Büro von Staatsbosbeheer). Außerdem: **»Wandelgids Sporen in het Zand«** mit elf 5–15 km langen Naturwanderungen (beim VVV).

Wattwanderungen – Infos beim VVV.

Fahrt mit dem Garnelenkutter – z. B. auf der **TS 9,** unbedingt reservieren, Tel. 0031 6 53 41 19 52. Auf der 2,5- bis 3-stdg. Fahrt werden die Garnelen gefangen, gekocht, gepult und gegessen.

Fahrt zu den Seehundbänken/Sportfischen – Liegeplatz der **Talisman** gegenüber vom VVV, Karten dort, an Bord oder: www.terschellingrondvaart.nl.

In der Umgebung

Noordsvader, Kroonpolders und **Boschplaat:** `direkt 10` ▶ S. 83

Infos und Termine

VVV: Willem Barentszkade 19 a, Tel. 0562 44 30 00, www.vvvterschelling.nl, Mo–Fr 9.30–17.30 (Okt.–April 9.30–17), Sa 10–15 Uhr.

Jachthafen: Tel. 0562 44 33 37, www.jachthaventerschelling.nl.

Fähre: 3–6 x tgl. Fähr- (ca. 2 Std.) bzw. Schnellbootverbindungen (ca. 50 Min., keine Mitnahme von Fahrrädern und Pkw) von Harlingen (Karten dort, www.rederij-doeksen.nl).

Unterwegs auf der Insel: In West stehen bei Ankunft der Fähre Taxis und Busse bereit. Linie 120: West–Midsland–Formerum–Hoorn– ▷ S. 84

10 | Von Sandplatte zu Sandplatte – Terschelling von West nach Ost

Karte: ▶ J 7–N 5 | **Route:** einfache Strecke ca. 37 km
Dauer: mit Abstechern Tagestour

Man kann hier von einem Naturschutzgebiet zum nächsten radeln, denn wie Perlen an einer
Kette reihen sich diese aneinander: Dünentäler und Sandbänke,
Sumpfgebiete und Salzwiesen,
Heideflächen und Wälder. Am Ende liegt mit der Boschplaat Hollands erstes ›Europäisches Naturdenkmal‹. Wer vom Radeln müde
ist, steigt einfach auf den Plan-
wagen um.

Wie ein Schutzwall legen sich hohe Dünen zwischen Meer und West-Terschelling. Über Trompstraat und Duinweg
geht es zur **Seinpaalduin** 1, der südlichsten Düne, mit dem *seinpaal*, dem
Signalmasten. Seit eh und je gibt er den
Fischern an, mit welcher Windstärke zu
rechnen ist. Zu seinen Füßen liegt West,
auf der anderen Seite genießt man einen grandiosen Blick auf Noordsvaarder und bei klarem Wetter bis Vlieland.

›Angedockt‹ …

Zum **Noordsvaarder** 2 gehören die
riesige Sandplatte im Westen des Dorfes sowie im Norden das gesamte Dünengebiet bis Paal 8 mit den **Kroonpolders** 3 (Dünentälern), Sumpfge-
bieten, Heideflächen und Salzwiesen.
Seit 1924 steht das 650 ha große Naturgebiet exklusive der Sandplatte unter Schutz, eines der abwechslungs-
reichsten der Insel. Es ist nur über wenige Pfade zu erreichen: am besten vom
Groene Strand und dann bis Paal 3
bzw. bis Paal 5. Die gewaltige Sandbank machte übrigens erst 1866 an der
Insel fest. So vielfältig die Landschaft,
so vielfältig ist auch die Vegetation. Neben Vögeln fühlen sich hier Schmetter-
linge, Kaninchen und Mäuse heimisch.

Durch den Wald von West – am Hallenbad vorbei, am Wegweiser 23893
rechts ab – führt eine schöne Route
zum **Duinmeertje** bei Hee. Das idyllische Fleckchen – der Süßwassersee lädt

zur Rast und im Sommer auch zum Baden ein – entstand bei Aushubarbeiten für einen höheren Deich. Benachbart liegt die **Arjensdûne** `4`, die höchste Düne der Insel, mit einer fantastischen Aussicht auf die Umgebung.

Durch Wald und Heide

Nun heißt es, dem Duinweg folgen und am **Koreabos** vorbeiradeln. Wenig später liegt auf der linken Seite die **Landerumer Hei** `5`. Das einzige erhaltene alte Heidegebiet der Insel wurde 1924 unter Naturschutz gestellt. Vor allem Glocken- und Besenheide sowie Krükenbeere wachsen in diesem Terrain aus überwiegend älteren, trockeneren Dünen. Der von 1920 bis 1935 wie alle anderen Wälder auf der Insel auch künstlich angelegte **Formerumer Bos,** einst ein eintöniger Nadelwald, sollte Sandverwehungen Einhalt gebieten. Inzwischen hat sich das Bild gewandelt – eine abwechslungsreiche Bepflanzung hat viele Vögel angelockt.Hinter dem Wald erstreckt sich **De Koegelwieck** `6`. Das unter Naturschutz gestellte weitläufige Dünental mit der 20 m hohen namengebenden Düne wurde von Wanderdünen geschaffen. Die Düne selbst ist im 19. Jh. mehr als 1 km südwärts gewandert. Im **Hoornse Bos** geht es bei Markierung 22894 links auf einen Waldweg. An einem schönen Waldsee vorbei bis zum Wegweiser 23047, hier rechts abbiegen. Auf dem Oosterender Badweg links abbiegen und kurz darauf bei Markierung 22695 den Radweg ›De Bosplaat‹ zu nehmen.

Europäisches Naturdenkmal

Der 7 km lange Endspurt auf dem immer südlich vom Dünenareal verlaufenden *fietspad* zur **Boschplaat** `7` ist schnell bewerkstelligt. Das gut ein Drittel der Insel ausmachende ›Europäische Naturdenkmal‹ dockte erst nach dem Versanden des Koggedieps Ende des 19. Jh. an die Insel an. Schylge war plötzlich um fast ein Drittel größer: Hatte sich doch fast zeitgleich De Noordsvaarder angelagert. Die gewaltige, einst karge Sandbank im Inselosten gilt heute als Feuchtgebiet von internationaler Bedeutung. Sümpfe, Naturwald, Salzwiesen, Marschen und fünf Wattenmeerarme beherbergen eine artenreiche Flora und Fauna. Für Hunderttausende Zugvögel ist es ein attraktiver Halt auf dem Weg von und zu den Überwinterungsgebieten in Südeuropa und Afrika. Neben den Silber- und Heringsmöwen, Eiderenten und Austernfischern brüten hier mehr als 70 weitere Vogelarten, u. a. der seltene Löffler. Fast 25 % aller in den Niederlanden vorkommenden Pflanzenarten wachsen auf der Boschplaat. Der Strandflieder – im Juli ein wogendes Meer aus lila Blüten – lockt u. a. auch Honigbienen an, die den herrlichen *lamsoorhoning* produzieren.

Infos und Routentipps

Route: vom Noordsvaarder bis zum Ende des befestigten Weges an der Boschplaat ca. 30 km, dann noch ca. 7 km bis zum östlichsten Teil der Boschplaat, Achtung: der Rückweg kann hier – bei Gegenwind – mitunter viel länger dauern als der Hinweg. Vom 15. März bis 15. Aug. ist der westliche Teil der Boschplaat nicht zugänglich. **Infos zur Boschplaat:** VVV (s. S. 81)/ Staatsbosbeheer (Staatliche Forstbehörde), Tel. 0562 44 21 16, www. staatsbosbeheerterschelling.nl.

Leckeres am Wegesrand

Direkt zu Beginn der Tour lockt am Groene Strand in West-Terschelling

De Walvis (s. S. 79). Zu einem ausgedehnten Aufenthalt lädt in Midsland-Noord die **Gasterij d'Drie Grapen** **1** – vielleicht doch lieber auf dem Rückweg einkehren? Die Spezialität des liebevoll in einer alten Scheune eingerichteten rustikalen Lokals mit offenem Kamin und anheimelnder Gartenterrasse unter Bäumen ist *kip-uit't vuistje,* in Kräutersud langsam gegartes Hühnerfleisch (Midsland-Noord, Dorreveldweg 2, Tel. 0562 44 89 75, Küche 15–20.30 Uhr, Dez.–März Mi–So, Menü 30 €, bitte reservieren).

Übrigens: Eine schöne Alternative zur Radtour ist die **Planwagenfahrt** **1** über die Boschplaat, die bis zur äußersten Ostspitze der Insel ans Amelander Gat führt. Je nach Gezeitenlage geht es über den Strand oder durchs Watt gen Osten. Nach gut der Hälfte der 6-stündigen Tour wird bei Tee oder Kaffee gerastet (Start: bei Terpstra in Hoorn, Dorpsstraat 20, Tel. 0562 44 83 33, www.huifkarbedrijf-terpstra.nl, im Sommer tgl. 9.30–16.30 Uhr, 27,50 €, Reservieren notwendig).

Back to the Fifties

In Oosterend wartet dann etwas ganz Besonderes: das **Heart Break Hotel** **2** direkt am Strand! Der Pavillon ist ganz im Stil der 1950er-Jahre aufgemotzt – Elvis lässt grüßen! Wer sich drinnen sattgesehen hat, kann draußen die windgeschützte Terrasse genießen. Amerikanisch-Terschellinger Karte mit u. a. guten Fischgerichten, Hamburgern, Snacks und vegetarischen Gerichten. In der Hochsaison jeden Abend Livemusik (Paal 18, Badweg, Tel. 0562 44 86 34, www.heartbreak-hotel.nl, Ostern–Okt., Gerichte ab 10 €). Das Heartbreak ist auch eine der Toplocations beim **Rock'n'Roll Street-Festival** im Sommer (s. S. 86).

2010 prämiert als bestes Café der Niederlande

Seit 30 Jahren betreibt der bekannte Sänger Hessel in Hoorn sein gut besuchtes **Café Hessel** **3** und tritt hier auch häufig auf. Ausgezeichnete Fisch- und Wildgerichte. Schöne Terrasse mit Fußbodenheizung (Dorpsstraat 82, Tel. 0562 44 84 59, www.groeneweide.nl, tgl. 10–2 Uhr, Gerichte ab 16 €).

Oosterend; Linie 121 (Mai–Nov.): West–Midsland–Midsland aan Zee–West aan Zee; in den Ferien und an Wochenenden Nachtbusse 21–2 Uhr.

Braderie: diverse Flohmarkttermine mittwochs im Juli und Aug.

Midsland ► K 6

Früher lag der hübsche Ort im Herzen Terschellings, bis die Sandbank Boschplaat an die Insel wuchs. Neben West besitzt er als einziges Dorf der Insel einen richtigen Dorfkern. Hier – und vor allem in den beiden ›Satelliten‹ **Midsland-Noord** und **Midsland aan Zee** – konzentriert sich der Fremdenverkehr. In einer Welle schwappen die Gäste tagsüber gen Strand und abends zurück nach Midsland, um hier dann die Nacht zum Tag zu machen.

Ende des letzten Jahrhunderts hat sich das Ortsbild rund um die 1881 erbaute **Kirche mit kleinem Friedhof,** von der die beiden Amüsier- und Geschäftsstraßen Ooster- und Westerburen abzweigen, stark verändert. In der Hauptstraße **Oosterburen** finden sich etliche restaurierte alte Giebel (z. B. Nr. 23). Die Häuser sind älter und inseltypischer als die *commandeurshuisjes* in West: Denn der Brand im 17. Jh. ließ Midsland unberührt.

Strieper Kerkhof

Am Ortsausgang, Hoofdweg/Oud Wagenpad; Rundgänge über VVV buchen
Auf dem ältesten Friedhof Schylges stehen neben sehr alten Grabsteinen (10. Jh.) die aufwendig gearbeiteten Grabsteine der Walfänger und zweckentfremdete *stoepstenen* (s. S. 77).

Übernachten

Absolute Ruhe – **De Wadvaarder:** Westerburen 30, Tel. 0562 44 91 01, www.wadvaarder.nl, ab 65 €. Der Vorteil dieser frisch renovierten Pension ist ihre Lage an einer ruhigen, baumbestandenen Straße im Dorf – nur knapp 10 Fahrradmin. vom Strand entfernt. 4 der 9 Räume verfügen über ein eigenes Badezimmer. Netter geschützter Garten, Frühstücksbuffet.

Nostalgie und Blumenpracht – **In de Witte Handt:** Westerdam 30, Tel. 0562 44 89 37, www.indewittehandt.nl, DZ ab 45 €, Zimmer für 1–4 Personen, kein EZ-Zuschlag. Schöne Pension mit großem Blumengarten, Terrasse und 7 einfachen Zimmern in Midsland. 1 Zimmer mit Dusche/WC, sonst Dusche/WC auf dem Gang. Zimmer nach hinten heraus verlangen. Freier Zugang zum Hallenbad in West. Teeküche.

Essen und Trinken

Bei Einheimischen beliebt – **Mexicaans Restaurant/Steakhouse El Leon Rojo:** Heereweg 11, Tel. 0562 44 93 50, www.elleonrojo.nl, Gerichte ab 14 €. Gute Fisch- und Fleischgerichte gibt's beim ›Mexikaner‹. Man sitzt nett – entweder im rustikalen Gastraum oder auf der großen Gartenterrasse. Tipp: *estofado*, ein Schmortopf mit Rindfleisch und Bohnen.

Einkaufen

Lokale Produkte – **'t Pieter Peits Winkeltje:** Oosterburen 23. Leckere Inselprodukte wie Bauernkäse, Cranberry- und Sanddornprodukte, Senf, Inselbonbons und andere Delikatessen.

Ausgehen

Amüsiermeile – **Oosterburen** ist die Amüsiermeile schlechthin mit Disco **Bar Dancing Wyb** (Nr. 11), Bar, Billard- und Bruin Café. Livemusik gibt's samstags im **Eetcafé Onder De Pannen** (Heereweg 22, www.sjoerdvanterschelling.nl).

Sport und Aktivitäten

Strand – Breiter, feinsandiger und kinderfreundlicher Strand in **Midsland aan Zee,** bei Paal 11 bewacht (Juli/Aug.; Pavillon).

Radverleih – **De Groot:** Westerburen 20.

Outdoor-Sport – **Outdoor Terschelling:** Oosterburen 39/41, Tel. 0562 44 95 30, www.outdoor-terschelling.nl. Mountainbiking, Rafting, Kanutouren, Bogenschießen, Nordic Walking u. a.

Infos und Termine

Bus: Linien 120 und 121 ab der Fähre; s. auch S. 81.

Sint Jan in Midsland: traditionelles Inselfest am 25. Juni; u. a. werden Pony- und ›Ackergaul‹-Wettrennen in der Hauptstraße veranstaltet.

Makrelen räuchern in Midsland: Wer ist der beste »Makrelenräucherer« der Insel? Diese spannende Frage wird an einem Julisonntag in einem Wettkampf in Midsland a. Z. entschieden.

Rock'n Roll Street: An einem Wochenende Ende Aug./Anfang Sept. heißt es: »Back in the fifties!« Alles dreht sich auf der Straße Oosterburen ums Tanzen. Mehr als zehn Bands aus dem In- und Ausland sind hier zu Gast.

Veemarkt: An einem Donnerstag im September wird der traditionelle Viehmarkt abgehalten. Gleichzeitig findet in der Straße Oosterburen ein Markt statt, auf dem zahlreiche Inselprodukte zum Kauf feilgeboten werden.

Formerum ► K 6

Das Reihendorf, dessen Name ›vor dem Meer‹ bedeutet, zieht sich an der Hauptstraße entlang. Sein Satellit **Formerum-Noord,** schön am Wald gelegen, ist eine künstlich geschaffene Sommerhaus- und Caravansiedlung.

Aus dem beschaulichen Formerum (233 Einw.) stammt der bekannte Seefahrer Willem Barentsz, nach dem die Barentssee benannt ist. Vielleicht war es ihm hier gar zu beschaulich, sodass es ihn in die Ferne zog (s. S. 78).

Wrakkenmuseum De Boerderij

direkt 11 ▶ S. 87.

Übernachten

Traumhafte Lage – **Strandhotel Eetcafé Formerum:** Badweg 4, Formerum, Tel. 0562 44 86 29, www.strandhotelterschelling.nl, DZ ab 85 €. 50 m vom Strand entfernt gelegenes Haus mit 11 einfachen, kleinen Zimmern (Dusche/WC auf dem Gang). Die Zimmer oben sind die schönsten; die an der Nordseite haben Blick aufs Meer, die an der Südseite auf Wald. Nettes Eetcafé.

Camping – **De Appelhof:** Zuid 12 a, Tel. 0562 44 86 99, www.campingappelhof.nl. Ende April–Anfang Sept., auch Zeltverleih. Sehr schöner, unter Apfelbäumen gegenüber vom Wrakkenmuseum gelegener Platz mit guter sanitärer Ausstattung. 1,5 km vom Strand entfernt. Für Jugendliche von 15–21 Jahren. Mit Kantine, Museumscafé sowie der Diskothek Big Apple.

Einkaufen

Moderne Volkskunst – **Windwijzermakerij De Vier Gebroeders:** Formerum 38 a, nur im Sommer geöffnet. Die schönen Wetterfahnen finden mittlerweile weltweit Anklang.

Sport und Aktivitäten

Strand – feinsandig, kinderfreundlich; zwischen Paal 11 und 12 (im Juli/Aug. bewacht; mit Pavillon).

Radverleih – u. a. **Zeelen:** Formerum 391. **Haantjes:** Koksbosweg 4; hier kann man die Räder auch online vorab reservieren und an der ▷ S. 89

11 | Das Meer gibt und nimmt – Wrakkenmuseum De Boerderij

Karte: ▶ K 6

Hille van Dieren ist von Beruf Taucher, und er sammelt gerne, all das, was er in 25 Jahren Berufspraxis in gesunkenen Schiffen gefunden hat. Bis unters Dach ist sein Museum mit Fundstücken aus dem Meer bestückt: vom Nachttopf über kostbares Geschirr bis zu wertvollen Münzen aus dem gesunkenen Goldschiff ›Lutine‹.

1906 wurde der Bauernhof, in dem dieses private Museum beheimatet ist, aus dem Treibholz eines norwegischen Dreimasters gebaut. Die Dachbalken sind alte Schiffsmasten, wie in vielen Häusern der Insel. Sie wurden *gejuttet,* vom Strand geraubt – ein einträgliches Hobby und früher auch oftmals lebensnotwendig, um die Familie durchzubringen. Seit 1968 hat Hille hier das **Café** und das **Wrakkenmuseum De Boerederij** ❶, ein Jutter- und Tauch-

museum, untergebracht. Im Laufe der Zeit hat sich auf dem Anwesen und im Bauernhof allerlei angesammelt: Strandgut und Funde des Tauchteams ›Ecuador‹ .

Träumen von fernen Ländern

Selten findet man ein Museum, das sowohl Jung als auch Alt so begeistert: Jeder einzelne Gegenstand in diesem Museum hat viel erlebt und spiegelt ein Stück Geschichte wider, seien es bedeutende historische Ereignisse oder persönliche Dramen der Seeleute. Die Anzahl der gesammelten Fundstücke ist schier endlos: eine Flaschenpostsammlung, Glas, Keramik, Töpfereien, Kleidungsstücke, Navigationsinstrumente, Zinn, bronzene Kanonen, Münzen … Doch ein paar Funde stechen deutlich aus der Menge heraus. Kostbares Baccaratkristall aus Frankreich schmückt, obwohl bereits ziemlich angeschlagen, eine Vielzahl der Vitrinen. Es stammt von dem verschollenen dänischen Schiff ›Kursk‹, das von Zar Nikolaus II. 1904 in Paris gekaufte Glasarbeiten nach Russland verschiffen sollte, das aber nie dort ankam.

Kampf dem Skorbut!

Im Jahr 1840 wurde einer der wohl bedeutensten Funde der Insel gemacht, als der Terschellinger *jutter* Pieter Sipkes am Strand ein großes Fass entdeckte. Er trat dagegen, es sprang auf und heraus fielen Cranberries aus Amerika. Die Seemänner nahmen die Früchte mit auf Reisen, da sie durch ihren hohen Vitamingehalt hervorragend gegen Skorbut halfen. Sipkes ließ den Fund gedankenlos liegen – doch machte er Terschelling zum einzigen Ort Europas, an dem diese Sorte Cranberrys wächst und das in so großen Mengen, dass sie zu einem ›Nationalprodukt‹ geworden sind.

Ein Platz zum Toben

Auch das Anwesen rund um den Hof ist eine große Ansammlung einzigartiger Fundstücke – ein fantastischer Kinderspielplatz. Nicht zuletzt die riesige Kanone im Außengelände regt die Fantasie an..

Hungrig? Im Erdgeschoss des Bauernhofs befindet sich ein gemütliches **Café**, und auf einem Lesetisch stapeln sich Dutzende Mappen mit Zeitungsartikeln über das äußerst skurrile Museum.

Infos und Öffnungszeiten
Wrakkenmuseum De Boerderij
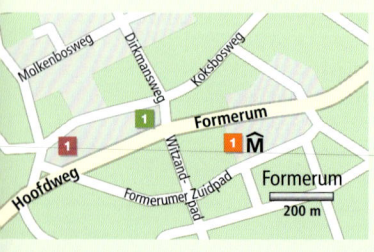 **1** : Formerum-Zuid 13, www.wrakken museum.nl, April– Okt., Weihnachts- und Frühlingsferien tgl. 10–18, sonst Sa/So 10–18 Uhr, 2,50 €.

Inseltypische Köstlichkeiten …
… verkauft die **Cranberry Lekker-makerij** **1** : Hier läuft einem das Wasser im Mund zusammen – so viele Leckereien können probiert werden. Im Mittelpunkt stehen natürlich die Cranberryprodukte – und die Verkostungen, denn es gibt noch so viel mehr zu genießen (Mersakkersweg 5, Formerum, www.terschellingercranberry.nl, März–
Nov. Mo–Fr 14 Uhr Verkostung/Führung, Shop Mo–Fr 10.30–17, Sa bis 16 Uhr) **.**

Kaffeegenuss mit Aussicht
Die ehemalige Kornmühle zog 1876 vom Dellewal in West nach Formerum um. Unter dem Namen **De Koffiemolen** **1** ist sie Schylgern und Touristen längst ein Begriff. Seit nunmehr 40 Jahren kann man von oben bei einem Kaffee, einem leckeren Cranberrykuchen und ausgezeichnetem Cranberrysorbet den Blick auf die Umgebung genießen. (Formerum 6, Tel. 0562 44 88 55, in der Sommersaison tgl., sonst nur am Wochenende und in den Ferien geöffnet).

Wanderungen in der Umgebung
Wer jetzt die angefutterten Kalorien verfeuern möchte, dem seien zwei markierte Wanderungen empfohlen: der **Naturpfad Formerumer Bos** (gelb, 4,5 km, Start: Lies, an der Scheune von Staatsbosbeheer) und durch die **Landerumer Hei** (s. auch S. 83, rot, 4 km, Start: Duinweg nordwestl. vom Dorf).

Fähre abholen; das Gepäck wird gratis zur Unterkunft gebracht; www.fietsen opterschelling.nl.

Infos

Bus: Linie 120 ab der Fähre, s. auch S. 81.

Hoorn ► L6

Hoorn (450 Einw.) mit seiner alten Backsteinkirche und den hübschen Häuschen ist ein sympathisches, kleines Reihendorf, das im Westen fast nahtlos an den Nachbarort **Lies** (Einkaufsmöglichkeiten) grenzt. Die romanisch-gotische **St. Janskerk** von ca. 1250 ist das älteste Gebäude Schylges (Führungen: Tel. 0562 44 81 07). Auffallend schön sind die mit Schiffen verzierten **Grabsteine** auf dem Friedhof. Südlich der Kirche steht übrigens der letzte **Sjouw** der Insel, ein hoher Pfahl, der den Bauern signalisierte, wann Zeit fürs Mittagessen bzw. Kühemelken war: Um halb zwölf wurde ein Ball aus Bast heraufgezogen, um halb vier heruntergelassen (heute von Mitte Juni bis Mitte Sept. zu sehen).

Landbouw museum Het Hooivak

Kooiweg 3, Tel. 0562 44 81 07, www.hooivak.nl, Mai- bis Herbstferien Di–Fr 14–17 Uhr
Das Leben der Bauern von vor 100 Jahren bis heute wird auf dem Bauernhof von 1889 anschaulich dargestellt. Hier kann man selbst Butter machen, Korn mahlen, alte Kinderspiele spielen.

Hoorner Kooi

Hoofdweg Richtung Oosterend, nach dem Fußballplatz rechts ab; Führungen (Mai–Aug. 2 x/Woche) sind über den VVV zu buchen

Mit ihrem kleinen Wäldchen im flachen Polderland gilt die Entenkoje (1655) als die schönste Terschellings.

Übernachten

Kleines Paradies – **De Walvisvaarder:** Lies 23, Lies, Tel. 0562 44 90 00, Fax 0562 44 86 77, www.walvisvaarder.nl, DZ ab 75 €, HP ab 115 €, Suiten ab 115 €. Uriges Hotel mit offenem Kamin in einem alten Bauernhof sowie mehreren Nebengebäuden im Dörfchen Lies. Schön eingerichtete Zimmer, spezielle Familienzimmer, z. B. die Piratenkamer, und Gartensuiten; mit Restaurant, Bar, Schönheitssalon.

Irland lässt grüßen – **Hotel-Pension-Eethuis De Koegelwieck:** Dorpsstraat 35, Tel. 0562 44 94 96, www.koegelwieck.nl, DZ ab 70 €, Apartments ab 200 €/Woche, Tuinhuisje ab 95 €, Irland-Suite ab 95€. Zentral gelegene gemütliche Pension mit gutem Restaurant (s. u.) und separatem, romantischem Gartenhaus. Die Eigentümer sind große Irland-Fans – das ist nicht zu übersehen. Alle Zimmer mit Dusche, WC.

Camping – **Dennedune:** Duinweg Hoorn 50, Tel. 0562 44 81 96, ww.dennedune.nl, Ende April–Ende Sept. Kleiner, hübsch am Fuß einer bewaldeten Düne und bereits am Badweg gelegener einfacher, sehr schöner Familiencampingplatz.

Essen und Trinken

Irisches Menü – **Eethuis De Koegelwieck:** Adresse s. o., Do–So, Hauptgerichte ab 18 €, Monatsmenü 32 €, Irisches Menü 30 €. Liebevoll eingerichtetes Mini-Restaurant mit irischem ›Einschlag‹. Gekocht wird mit Inselprodukten. Verlassen Sie sich getrost auf die Empfehlung der Köchin. Monatlich wechselndes 3-Gänge-Menü (Saisonküche). Gute französische und südafrikanische Weine. Mit Garten, Terrasse.

Iberische Küche – **Spaans Restaurant De Reis:** Dorpsstraat 58, Tel. 0562 44 84 24, www.tapasopterschelling.nl. Gemütlich-schlichtes spanisches Restaurant in altem Bauernhaus. 40 stets frisch zubereitete Tapas, Spezialität: Paella, Sangria und Spareribs.

Einkaufen

Zu Gast beim Imker – **De Bijenworf:** Lies 36, Lies, Tel. 0562 44 84 00, Mai-bis Herbstferien Mi, Do 14–16.30 Uhr. Zwar geht es hier um den Verkauf von Honig, Bienenwachskerzen etc., doch sind das kleine Imkereimuseum, der Garten mit den Bienenstöcken und die fachkundige Führung auch einfach so den Besuch wert.

Inselprodukte – **Pieter Peit's Hoeve:** Buitenwalweg 6–8, Lies, Tel. 0562 44 85 01, www.pieterpeitshoeve.nl, Mo–Fr 10–18, Sa 10–17, Hofführungen Mo–Sa um 10.30 Uhr. Neben ausgezeichneten Milchprodukten, darunter neun Sorten Terschellinger Käse, findet man hier ein bunt gemischtes Angebot anderer Inselprodukte.

Sport und Aktivitäten

Strand – feinsandig, kinderfreundlich; zwischen Paal 14 und 15 (nicht bewacht, mit Notfalltelefon; Pavillon).
Radverleih – **Bakker:** Dorpsstraat 14; **Terpstra:** Dorpsstraat 56–92.
Reiten – **Manege Terschelling:** Dorpsstraat 104, Tel. 0562 44 83 33, www.manegeterschelling.nl.
Wandern – **markierte Route** durch den Hoornse Bos; s. auch S. 83, blau, 6,2 km, Start am Parkplatz Duinweg/Hoornse Bos.
Wattwanderungen – Infos über Führungen und Tickets beim VVV in West.

Infos

Bus: Linie 120 von der Fähre, s. auch S. 81.

Oosterend ▶ L 6

Kurz hinter dem idyllischen Oosterend (ca. 130 Einw.), das einst tatsächlich ganz im Osten der Insel lag, endet die Straße für Autos – und es beschleicht einen das Gefühl, man sei am Ende der Welt. Weiter geht es nur mit dem Rad oder zu Fuß. Attraktion des kleinen Dorfes ist seine Lage direkt an Grië und Boschplaat (s. S. 83).

Wierschuur

Östlich von Oosterend
Scheune aus dem 19. Jh., in der Seegras getrocknet wurde und die heute zum Campingplatz gehört. Seegras wurde u. a. als Kissenfüllung, Isoliermaterial und zum Dachdecken genutzt.

Sport und Aktivitäten

Strand – feinsandig, kinderfreundlich; bei Paal 18 (unbewacht, mit Notfalltelefon; Pavillon).
Radverleih – **De Boer:** Oosterend 8.
Tennis – **Tennisbaan Oost:** Bungalowpark Tjermelân, am Hoofdweg kurz vor dem Dorf, Tel. 0562 44 89 81.
Wandern – geführte Wanderung zur **Möwenkolonie** in De Boschplaat (1,5 Std.; s. auch S. 83); über VVV in West zu reservieren.

In der Umgebung

De Grië (▶ L 6): zwischen Dwarsdijk und Boschplaat. Abwechslungsreiche, 2 km lange und 400 m breite Salzwiesenlandschaft, an der das Meer gewaltig genagt hat. Neben kleinen Wäldchen und Erlenanpflanzungen finden sich hier noch vier Entenkojen.
De Boschplaat: s. S. 83

Infos

www.terschellingoosterend.nl
Bus: Linie 120 ab der Fähre, s. auch S. 81.

Ameland

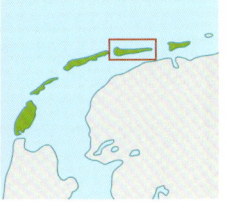

Nur 8 km vom Festland entfernt erstreckt sich das lange und schmale Ameland vor der friesischen Küste. Bei klarem Wetter zeichnen sich am Horizont schon beim Ablegen der Fähre die Kirchturmspitzen der Dörfer und das Wahrzeichen der Insel, der rot-weiß geringelte Leuchtturm, ab. Hinterm Deich liegen schnurgerade aufgereiht in fast waagerechter Linie die **vier Inseldörfer** – drei davon stehen unter Denkmalschutz. Überall in den ziegelsteingepflasterten Sträßchen herrscht dörfliche Idylle. Viele der schön herausgeputzten alten Kommandeurshäuser stammen aus dem 17./18. Jh., der Goldenen Zeit der Handelsseefahrt und des Walfangs, die der Insel stattlichen Wohlstand brachte.

Die drittgrößte der Watteninseln ist mit 4 km im Westen am breitesten, im Osten sind Nordsee und Wattenmeer hingegen an beinahe jeder Stelle zum Greifen nah. Über die gesamte Länge von 27 km zieht sich im Norden ein pudersandfeiner Strand. Das **breite Dünengebiet** ist ebenso wie die heute **naturbelassenen Wälder** von gut ausgezeichneten Wanderwegen durchzogen, und 90 km Radwege führen das *fiets* auch in die entlegensten Inselecken. Auf Ameland haben sich nicht nur ca. 40 % aller in den Niederlanden vorkommenden Pflanzenarten niedergelassen – 14 gehören zu den besonders seltenen –, auch über 50 Vogelarten brüten hier. Das Watt bietet bei Niedrigwasser ein spektakuläres Schauspiel, wenn sich Tausende von Vögeln auf das überreiche Nahrungsangebot stürzen. Zudem ist Ameland die einzige der Watteninseln, auf der Rehe leben. Im unbewohnten Ostteil der Insel bildet die sehr alte Dünenlandschaft **Het Oerd** zusammen mit der recht jungen Sandebene **De Hôn** ein einzigartiges Naturschutzgebiet.

Ameland, von den Bewohnern ›De ouwe Pôlle‹, der alte Fleck, genannt, blickt auf eine reiche Vergangenheit zurück. Schon Mitte des 8. Jh. sollen hier erste Bewohner gesiedelt haben. Seit 1681 ist die Insel im Besitz des Hauses Oranien, Königin Beatrix trägt u. a. den Titel »Erbin und Freiin von Ameland«. Nach Ende des Goldenen Jahrhunderts und der lukrativen Epoche des Walfangs setzte die Inselflucht ein. Bis ca. 1950 lebten die, die ausharrten, mehr schlecht als recht von der Landwirtschaft. Erst der nach Ende des Zweiten Weltkriegs einsetzende Tourismus kurbelte die Wirtschaft wieder an.

Hollum ► O 5

Das größte und westlichste Inseldorf (1200 Einw.) wetteifert mit dem benachbarten Ballum um den Titel des schönsten Ortes. Beherrscht wird die Silhouette von der stattlichen **Nederlands Hervormde Kerk,** der zu Füßen hübsche alte, grün umzäunte Häuser und ziegelsteingepflasterte Straßen liegen. Auf dem **Friedhof** sind Grabsteine von Walfängern und Handelsschifffahrrern zu sehen, häufig mit eingemeißelten Meeresszenen. Zu den schönsten gehört der des 1790 verstorbenen Commandeurs Hans Barends.

Obwohl Hollum neben Nes das Touristenzentrum der Insel ist, seine Restaurant- und Caféterrassen gut besucht sind, ist überall die Atmosphäre vergangener Jahrhunderte zu spüren. Zu den schönsten Straßen der Insel gehören die Baumalleen **Oosterlaan** und **Burenlaan,** flankiert von gemütlichen Commandeurshäuschen aus dem 17. und 18. Jh. Das **älteste Inselhaus** in der Johannes Bakkerstraat 6 stammt übrigens aus dem Jahr 1516. Das Wahrzeichen von Dorf und Insel ragt nordwestlich Hollums am Saum des Waldes in die Höhe: der rot-weiß geringelte **Leuchtturm,** von jedem Punkt der Insel aus sichtbar und der schönste *vuurtoren* der fünf Watteninseln.

Cultuur-historisch museum Sorgdrager

Hereneweg 1, Tel. 0519 55 44 77, www.amelandermusea.nl, Öffnungszeiten s. Website, 3 €, Startpunkt der kulturhistorischen Dorfwanderung
Ein Teil des Heimatmuseums ist in der Commandeurswohnung der Familie Sorgdrager untergebracht. Im stilecht eingerichteten Wohnzimmer mit traditionell gekachelten Wänden wird man in die Alltagswelt um 1750 zurückversetzt. Trachten, Volkskunst, Funde aus dem Camminga-Schloss und dem vom Meer verschluckten Dorf Sier, Wechselausstellungen übers Inselleben, Diavortrag über Inselgeschichte und -kultur. Im Museumsbauernhof Darstellung des Insellebens quer durch die Geschichte: von Landwirtschaft und Fischerei über Handelsschifffahrt und Walfang bis zum Rettungswesen. Die Walfischkiefer am Eingang ist übrigens echt.

Maritiem Centrum

Oranjeweg 18, Tel. 0519 55 42 43, www.amelandermusea.nl, Öffnungszeiten s. Website, 4 €
Im neuen, liebevoll eingerichteten Museum finden sich neben unzähligen Infos und Filmen rund um das Seenotrettungswesen interaktive Ausstellungen zu Meer, Nautik, Navigieren etc., aber auch ganz handfeste Dinge: u. a. eine echte Schiffsbrücke, Schiffsmodelle, eine originale Rettungsinsel für Schiffbrüchige, Bojen, ein Funkraum, ein Schiffssimulator und ein Bootshaus mit dem alten Rettungsboot ›Abraham Fock‹, das man betreten kann. Benachbart liegen die Stallungen für die Pferde, die das Boot zu Wasser lassen. Von hier startet auch die spektakuläre **Vorführung mit dem alten Rettungsboot** ein- bis mehrmals im Monat.

Molen De Verwachting

`direkt 12` ▶ S. 93

Übernachten

Sporthotel – **Fletcher Hotel-Resort Amelander Kaap:** Oosterhiemweg 1, Tel. 0519 55 46 46, www.hotelamelanderkaap.nl, DZ ab 90 €, Apartments/ Woche ab 350 €. Zwischen Dorf und Dünen liegt die große, von außen nicht unbedingt ansprechende 4-Sterne-Anlage mit 40 nett eingerichteten Zimmern (Bad/Dusche, WC) und 136 Apartments. Sportangebot: Tennis, Squash, Hallenbad, Golfplatz. Restaurant, Café, Bar, Spielplatz, Babysitter-Service und Ferienfreizeitprogramm für Kinder.

Am Dorfrand – **Hotel/Pension Ambla:** Westerlaan 33 a, Tel. 05 19 55 45 37, www.ambla.nl, DZ ab 80 €. Kleines Haus mit Blick über Wiesen. Einige der 10 Zimmer/Studios haben Balkon/Terrasse (Dusche, WC). Frühstücksbuffet.

Jugendherberge – **Stayokay Ameland:** Oranjeweg 59, Tel. ▷ S. 95

12 | Eine Amelander Erfolgsstory – Molen De Verwachting

Karte: ▶ O 5

Von 1840 bis 1949 drehte an dieser Stelle bereits die alte Mühle ihre Flügel. Ihr Abriss ging den Hollumern so zu Herzen, dass sie 1988 ein ebenso altes Exemplar auf die Insel schafften und auf denselben Namen tauften. Die Finanzierung des achteckigen Galerieholländers bestreiten die neuen Müller mit dem Herstellen und Verkauf von bestem Mehl und leckerem Amelander Senf.

Jan Pattje ist ein Mann in den besten Jahren und ein kräftiger Kerl. Er kommt vom Festland, hat Metzger gelernt und ist vor mehr als 30 Jahren nach Ameland emigriert. Dass nach seiner Frau und der Insel eine Mühle seine dritte große Liebe werden würde, das hätte sich der Ruheständler nicht träumen lassen. Pattje ist einer von 30 Ehrenamtlern, die die Mühle **De Verwachting** [1] heute betreiben. Er ist – wie sechs seiner Kollegen auch – inzwischen gelernter Müller. Und er weiß Spannendes über die Mühle und sein Handwerk zu berichten. Auch auf Deutsch!

»Ohne Mühle war das Dorfbild unvollständig«

Wie er selbst kam auch die neue Mühle vom Festland, aus der Provinz Overijssel. Mit Hilfe von Gemeinde, Bevölkerung, Provinz und einigen anderen freigebigen Quellen konnte der Wiederaufbau finanziert werden. Erst nur als Kornmühle genutzt, produzieren Pattje und seine Kollegen seit 2004 nach alten Rezepten nun auch Senf.

Woraus der besteht? Aus Senfkörnern, Wasser, Essig und Salz, Gewürze kommen erst später hinzu. »Der Mahlstein«, so Pattje, »kommt aus der Eifel. Guter Lavabasalt.« Auf jeden Fall ist er äußerst wirkungsvoll. Senfkörner, Weizen und Roggen werden übrigens auf Ameland angebaut – rein biologisch.

Bestes Mehl

Heute macht der Senfverkauf einen großen Batzen der Einkünfte aus. Doch auch mit der Kornmühle fahren die Müller immer größere Verdienste ein. 4000 bis 5000 kg Getreide verarbeiten sie pro Jahr und weitere 3500 bis 4000 kg Roggen exklusiv für Bäcker De Jong in Nes. »Das Roggenbrot von Ameland ist bekannt«, erzählt Pattje, während er auf den mächtigen Mahlstein der Kornmühle zeigt, der 1,85 m im Durchmesser misst.

Draußen auf der Galerie ist die Aussicht gewaltig, doch dafür hat der Müller jetzt keine Augen, er will die Flügel ausrichten, »dazu muss man jeden Tag neu nach dem Wind suchen«.

Besichtigung, Führung, Verkauf

De Verwachting **1**: Tel. 0519 54 27 37, www.amelandermusea.nl, Ostern–Ende Okt., Ferien Di–Sa 10–17, Nov.–Ostern Mi–Sa 13–17 Uhr, 2,75 €. Führungen, Film zur Senfherstellung, Ausstellung, Museumsladen mit Mehl, einer guten Pfannkuchenmischung, sehr leckerem Senf u. a.

Vuurtoren Bornrif Ameland

Der rot-weiß gestreifte Bilderbuch-**Leuchtturm** **2** (1880) liegt idyllisch am Rand der Dünen und des Hollumer Waldes. Wer die 236 Stufen des 55 m hohen gusseisernen Turmes erklommen hat, genießt eine herrliche Aussicht (Tel. 0519 54 27 37, www.amelander musea.nl, Ostern–Okt. tgl. 10–17, im Juli/Aug. manchmal zusätzlich 19–22, sonst tgl. 13–17 Uhr).

Gut essen am Oranjeweg

Hier bietet **Metz** **1** (Nr. 13) leckeren Fisch an – geräuchert, frittiert, gebacken, mariniert, frisch. Ein beliebtes Ausflugslokal im Schatten des Leuchtturms ist **Onder de Vuurtoren** **2** mit z. T. überdachter Terrasse; Spielplatz, Kneipe (Nr. 44, Tel. 0519 55 40 69, www.onderdevuurtoren.nl, tgl. ab 12 Uhr, Pfannkuchen ab 5 €).

0519 55 53 53, www.stayokay.com/ameland, März–Okt. und in den Ferien geöffnet, sonst auf Anfrage, DZ ab 50 €, 4-Bettzimmer ab 92 €, Einzelbett ab 21 €, inkl. Frühstück, Bettwäsche und Kurtaxe, Wochenendzuschlag 1,50 € pro Person und Nacht, mit internationalem Jugendherbergsausweis Ermäßigung. Komfortable Jugendherberge in den Dünen, in Fußnähe zum Strand. Alle 36 Zimmer für 2, 4, 6 und mehr Personen mit Dusche, WC. Kinderfreundlich, mit jeder Menge Platz. Restaurant, Bar, Sport- und Spielplatz, Radverleih.

Camping – **Koudenburg:** Oosterhiemweg 2, Tel. 0519 55 43 67, www.koudenburg.nl, ganzjährig. Kleiner Platz an Dünensaum, 2 km zum Badestrand, 1 km zum Dorf. Ausgestattet mit irischem Pub, Snackbar, Sauna, Spielplatz; Golfplatz nebenan; 250 m bis zum Supermarkt. Verleih von Fahrrädern, Vermietung von Caravans und Bungalows.

Essen und Trinken

Pizza & Co. – **Il Vulcano:** Schoolstraat 8, Tel. 0519 55 41 64, www.ilvulcano.nl, tgl. 16–22 Uhr, Gerichte ab 6 €. Freundliches, mediterran angehauchtes Lokal mit kleiner, hübsch möblierter Terrasse zur Straßenseite; Spielplatz.

In der Sonne sitzen – **Herberg De Zwaan:** Zwaneplein 6, Tel. 0519 55 40 02, www.herbergdezwaan.nl, tgl. 10/11–1 Uhr, Gerichte ab 14 €. Stattliches altes Haus mit heimeliger Atmosphäre im Zentrum, besonders schön: das Herrenzimmer. Abwechslungsreiche Speisekarte, auch Amelander Produkte (Fischplatte 20 €), Mittelmeereinflüsse.

Speisekarte auf der Schiefertafel – **De Griffel:** Burenlaan 41, Tel. 0519 55 41 35, www.degriffel.net, Hauptgerichte ab 11 €, Pfannkuchen ab 5 €. Alte Schule mit verglaster Veranda und Terrasse: Kleine Details erinnern an die Vergangenheit. Tipp: marinierte Steak-

gerichte und als Abschluss z. B. eine Platte mit Amelander Käsesorten und Senf von der Hollumer Mühle (8 €).

Einkaufen

Schafmolkerei – **De Sûd Himmerik Hoeve:** Lombokweg 2, Tel. 0519 55 48 11, April–Okt. Mo, Di, Do–Sa 9.30–12, 13.30–18.30, Sa nur bis 16 Uhr. Schafskäseverkauf. Beim Schafemelken (ca. 17.30 Uhr) und bei der Produktion kann zugesehen werden.

Käserei – **Kaasboerderij Ameland:** Pietje Miedeweg 6, Tel. 0519 55 44 59, April–Okt. Mo–Sa 10–17, in der übrigen Zeit Sa nur 16 Uhr. Herstellung verschiedener Bauernkäse, Führungen.

Ausgehen

Dorfcafé – **Café De Welvaart:** Burenlaan 4, www.dewelvaart.nl. Gemütliche Kneipe mit Billard, großer Terrasse und einem kühlen Bier an der langen Theke.

Musikkneipe – **Bar De Griffel:** s. o., ab ca. 22 Uhr. Beliebter Treffpunkt mit Musik, Billard, kleinen ›Nachthappen‹.

Sport und Aktivitäten

Strand – breit, feinsandig; im Sommer am Ende des Oranjewegs bewacht, toller Strandpavillon (www.thesunset.nl).

Radverleih – **Visser:** Oranjeweg 28; **Nobel:** Yme Dûneweg 7.

Reiten – **Rijstal Nella Dorien:** Oranjeweg 20, www.nelladorien.nl.

Golf & Co. – **Zilverberg Erholungszentrum Boomhiemke:** Jan Roepespad 4. Minigolf, Sauna, Solarium, Bowling. **D'Amelander Duinen:** Oosterhiemweg 20, Tel. 0519 55 42 19. Schön gelegener 9-Loch-Platz.

Katamaransegeln – **Catamaran Club Ameland:** Cor de Jong, www.catclub-ameland.nl. April–Okt.

Wattwandern – Startpunkt der 1,5-stdg. **Wanderung**: am Ende des Pietje Miedeweges, Frühjahr bis Herbst. Gummistiefel oder Sportschuhe sind unerlässlich. Infos beim VVV.

In der Umgebung

Rietplak (▶ O 5): nördl. von Hollum. Schöne Wanderung vom Ende des Jan Roepepad über Herder- und Rietpad durch das sumpfige Naturschutzgebiet. Auf Ameland werden jedes Jahr ungefähr 35 km Schilf und Reisig als Schutzschirme und Sandbefestigung gesetzt. Über den Rietpad wird das hier geschnittene Schilf (Ried) transportiert. Südlich liegt die **Engelsmanduin,** ein toller Aussichtspunkt.

Paardengraf (▶ O 5): südwestl. von Hollum, nahe des Tjettepads. Das Denkmal, ein von Pferden gezogenes Rettungsboot, erinnert an den schwarzen Tag des Amelander Rettungswesens: Am 14. August 1979 ertranken acht der zehn Pferde beim Versuch, eine in Seenot geratene Jacht zu retten.

Infos

VVV: Fabrieksweg 6, Tel. 0519 54 65 46, www.vvvameland.nl, Mo–Fr 9–12 Uhr.

Ballum ▶ O 5

Ballum (350 Einw.) ist das kleinste Inseldorf: wenig touristisch, dafür ruhig und urgemütlich. Die von alten Bäumen gesäumte Hauptstraße, die van **Camminghastraat,** an der die beiden Kirchen und ein hübscher, von drei Straßen und hohen Ulmen eingefasster Platz liegen, ist nach den »Herren von Ameland« benannt. Sie regierten die Insel zwar selbstherrlich (1425–1681), verhalfen ihr aber auch zu großem Ruhm. Damals war Ballum der Hauptort der Insel. Heute steht an der Stelle des 1829 abgerissenen Schlosses das Gemeindehaus der Insel, in dem Gebrauchsgegenstände aus dem Schlösschen ausgestellt sind. Die schlichte **Nederlands Hervormde Kerk,** die im Sommer zugänglich ist, besitzt das schönste Kunstwerk der Insel: Die prächtige Kanzel ist eine Holzschnitzarbeit der Renaissance von 1604. Jahrhundertealte **Commandeurshäuschen** und gepflasterte Straßen verbreiten eine heimelige Atmosphäre. Auf der Ecke Strandweg und Hollummerweg liegt mit dem ehemali-

Selbst der größte Ort der Insel, Hollum, präsentiert sich noch recht ländlich

gen **Armenhaus** eines der ältesten Gebäude Ballums.

Übernachten

Traditionshaus – **Hotel Nobel:** Gerrit Kosterweg 16, Tel. 0519 55 41 57, www.hotelnobel.nl, DZ ab 105 €. Ruhig und gemütlich im Dorfkern gelegenes Hotel mit 19 stilvoll eingerichteten großen Zimmern (Dusche, WC), Restaurant und Bruin Café. Letzteres wurde 2007 als bestes Café der Niederlande ausgezeichnet. Zimmer im Erdgeschoss mit Terrasse, einige Zimmer mit Whirlpool. Dampfbad, Solarium, schöne Terrasse.

Camping – **Roosdunen:** Strandweg 20, Tel. 0519 55 41 34, www.roosdu nen.nl, ganzjährig. Zwischen Ort und dem ca. 1 km entfernten Strand gelegen. Gute sanitäre Einrichtungen, Snackbar, Laden, Waschsalon, Minigolfplatz, Tennisplatz, Spielplätze, Freibad.

Essen und Trinken

Speisen unterm Kronleuchter – **Nobel:** Adresse s. o., Menüs 36–50 €, Gerichte 23 €. Zum Hotel gehört das schöne Restaurant mit lichter Lounge, in dem leckere Gerichte, z. B. Ente süßsauer mit Koriander serviert werden.

Einkaufen

Spirituosen – **Nobel:** s. o. Schön als Souvenir: der nach einem Geheimrezept angesetzte Likör Nobeltje (32 ‰).

Sport und Aktivitäten

Strand – schöner, 1,5 km vom Ort entfernter Badestrand; im Sommer bei Paal 7 bewacht, mit Strandpavillon; Baden in Höhe der **Sandbank Bornrif** verboten.

Freibad – **St. Recreatie Centra Ameland:** Strandweg 20, www.roosdunen. nl, Mitte Mai–Aug. 25-m-Becken, 35 m lange Wasserrutsche, Kinderbecken.

Radverleih – **Nobel:** van Camminghastraat 20.

Rundflüge – **Aero Service Ameland:** Flugplatz Ballum, Gerrit Kosterweg 11, www.ameland-rondvluchten.nl.

Fallschirmspringen – **Paracentrum Ameland:** Flugplatz Ballum, www.sky dive-ameland.nl, April–Okt. Kurse.

Reitställe – **De Blinkert:** van Camminghastraat 13, www.rijstaldeblinkert. nl; **Le Cheval:** Strandweg 13, www.rij stallecheval.nl. Auch Planwagenfahrten.

Planwagenfahrten – **E. Visser:** Smitteweg 6, Tel. 0519 55 41 97.

Windsurfen – in der Ballumer Bucht.

Fischfang mit dem Schleppnetz – Juli/Aug., nfos: VVV. Vom Strand aus werden Krabben, Schollen, Seesterne und Quallen gefangen.

Spielparadies – **De Speelboerderij:** Camminghastraat 16, www.speelboer derijameland.nl, Öffnungszeiten s. Website. In alter Bauernscheune; mit Cafeteria für die Erwachsenen.

In der Umgebung

Ballumerbocht/Museumshafen (▶ P 5): Die Bucht ist heute Anleger für Freizeitschiffer und im Sommer für alte Rettungsschiffe. Hier läuft auch das Rettungsboot aus (s. S. 92). 1847 wurde als Küstenschutz ein Steindamm angelegt, der ins Wattenmeer hineinragt. **Lange Duinen** (▶ P 5): zwischen Ballum und Hollum an der Nordseeseite liegendes Gebiet – im Norden breite Dünen, im Süden ein Sumpfgebiet mit Glockenheide und vereinzelten Orchideen. Ca. 50 Vogelarten brüten hier (15. März–15. Aug. nicht zugänglich). Radweg führt längs durch das Gebiet **Roosduinen** (▶ O 5): mit blauen Pfählen markierte Wanderroute ab Parkplatz Roosduinen; am nordöstl. Rand, auf dem Ballumer Stuifdijk, toller Blick über die Insel. Das schöne Wandergebiet im Nordosten Ballums zeigt mit Dünen, Heidefeldern, Tümpeln, jungen Wäldern Amelands Natur *en miniature*.

Sandbank Bornrif (► O 5): Durch die Verschiebung der Meeresrinne Borndiep zwischen Terschelling und Ameland hat sich eine ausgedehnte Sandbank gebildet, die wie ein Haken vor dem Strand liegt. Entstanden ist so ein riesiger Binnensee, der bei Flut volllläuft – ein Paradies für viele Vogelarten.

Termine

Handwerkertag Ballum: Ende Jui. Vorführung und Ausstellungen alter Handwerke und Techniken mit dem Schwerpunkt Landwirtschaft.

Nes ► P 5

Nur wenige hundert Meter vom Fähranleger entfernt, ist der Hauptort Nes das Einfallstor zur Insel, was nicht spurlos an ihm vorbeigegangen ist. Dennoch hat Nes es geschafft, sich seinen liebenswerten dörflichen Charakter weitestgehend zu bewahren. Cafés, Restaurants, Hotels und Boutiquen stehen einvernehmlich neben jahrhundertealten **Commandeurshäusern,** und rund um den restaurierten **Kerkplein** fühlt man sich außerhalb der Saison in vergangene Zeiten zurückversetzt. Im Sommer allerdings ist Nes bunt und quirlig, und die Gäste strömen von früh bis in die Nacht durch die **Van Heeckerenstraat,** die Hauptmeile.

Auffällig ist unweit des Kerkplein ein frei stehender Turm, der **Nessumer Toren,** der seit dem frühen 18. Jh. als Seebake dient. Noch älter, nämlich von 1625, ist das Häuschen im **Rixt van Doniaweg 8:** Es ist das älteste Amelands. Ins Auge fällt auch die ungewöhnliche **St. Clemenskerk** im Kardinaal de Jongweg: Der Backsteinbau mit schönem Schieferdach (1878), entworfen vom Architekten des Amsterdamer Reichsmuseums, Pierre Cuypers, ist norwegischen Stabkirchen nachempfunden; im Innern gusseiserne Kreuzwegstation des deutschen Bildhauers Keller.

Mühle De Phenix

Molenweg, Tel. 0519 54 27 37, Ostern–Ende Okt., Ferien Di–Sa 13–17, sonst Fr, Sa 13–17 Uhr, 2,50 €
Sorgfältig renovierte Getreide- und Graupenmühle, die zeitweilig in Betrieb genommen wird und die Inselbäcker dann mit Mehl fürs leckere *molenbrood* versorgt. Verkauf von Senf und Mehl.

Natuurcentrum

Strandweg 38, Tel. 0519 54 27 37, www.amelandermusea.nl, Öffnungszeiten s. Website, 5,75 €
Neben der auch für Kinder spannenden Dauerausstellung – Entstehung der Insel, Flora, Fauna, Landschaftsformen – stehen Pottwale im Mittelpunkt. Das vollständige Skelett eines gestrandeten Wals sowie die Replik eines Blauwals sind zu sehen. Die Kinderattraktion ist das große Seeaquarium. An einigen Tagen kann bei der Fütterung der Fische zugesehen werden. Gut gemacht: In einem unterirdischen Tunnel gibt es eine Nordseeausstellung über die Entwicklung Amelands in den letzten 100 000 Jahren. Das Museum organisiert zahlreiche Wanderungen und Exkursionen.

Übernachten

Luxusherberge – **WestCord Hotel Noordsee:** Strandweg 42, Tel. 0519 54 66 00, westcord-hotel-noordsee.h-rez. com, DZ ab 90 €, Apartments (bis 4 Pers.) ab 70 €/Nacht. Zwischen Dorf und Strand (1 km) gelegenes Haus mit allem Komfort: alle 80 großzügigen Zimme, davon 24 Suiten mit Wohnzimmer, und 30 Familienapartments mit offener Küche, Essecke, Dusche, WC, Balkon/Terrasse. Café, Restaurant, Hallenbad, Sauna, Solarium, Spielplatz.

Schöne Lage – **Hotel Bos en Duinzicht:** Strandweg 27, Tel. 0519 54 23 68, www.bosenduinzicht.nl, DZ ab 85 €, Fahrrad/Taxi zur Fähre inkl. In Fußnähe zu Strand, Wald und Dorf ruhig gelegenes Familienhotel mit 26 gemütlichen Zimmern (Bad/Dusche, WC); gute holländische Küche; Bar, Terrasse.

Zentral im Ort – **Hotel De Jong:** Reeweg 29, Tel. 0519 54 20 16, www.hoteldejong.nl, DZ ab 85 €. Kleines Hotel (12 DZ) mit gutem Restaurant (Amelander Spezialitäten, Saisonmenüs); einige Zimmer mit Dusche/Bad, WC.

Camping – **Duinoord:** Jan van Eyckweg 4, Tel. 0519 54 20 70, www.duinoord.eu, April–Okt. Großer, gut ausgestatteter Platz am Strand. Laden, Restaurant, Snackbar, zahlreiche Sportmöglichkeiten. Schön für Jugendliche und für Familien.

Essen und Trinken

Stivoll und raffiniert – **Het witte Paard:** Torenhoogte 5, Tel. 0519 54 22 09, www.hetwittepaardameland.nl, im Sommer tgl. ab 17 Uhr, Gerichte ab 20 €, Reservieren erwünscht. Mehrfach ausgezeichnetes Restaurant im Schatten des alten Dorfturms in gemütlichem Gebäude von 1734. Auch Saisonküche z. B. mit Lammfleisch, Wild, Muscheln und Spargel. Raffinierte Fisch- und Fleischgerichte, auch Vegetarisches.

In der alten Pfarrei – **Grandcafé van Heeckeren:** Kerkplein 6/van Heeckerenstraat, Tel. 0519 54 29 11, www.van-heeckeren.nl, Fisch- und Fleischspezialitäten 18–23 €, Kindergerichte 6–9 €. In stilvoller Atmosphäre wird abwechslungsreiche Saisonküche serviert. Schöne große Terrasse, Loungeatmosphäre, u. a. Fingerfood, Sushi.

Auch für Kinder – **Dinercafé Rixt:** Rixt van Doniastraat 6, Tel. 0519 54 22 59, www.rixt.nl, Gerichte 16,50 €. Trendiges, modern eingerichtetes Restaurant im Herzen des Dorfes. Internationale Küche mit Amelander Produkten. Tipp: 2-Gänge-Menü 20 €. 2 Terrassen.

Sehr gute Alternative – **Pizzeria San Remo:** Ballumerweg 3, Tel. 0519 54 27 20, www.ameland-pizza.nl, Mo–Fr 16–23, Sa/So 12–24 Uhr, Pizza ab 8 €, Fisch-/Fleischgerichte ab 16 €. Sehr leckere Pizza und italienische Spezialitäten in den gemütlichen Nischen eines umgebauten Stalls. Schöne Terrasse.

Einkaufen

Fischhandlung und -imbiss – **Metz:** Reeweg 27, www.vishandelmetz.nl. Fisch in allen Variationen, u. a. Amelander Meeräschen.

Amelander Kräuterbitter – **Slijterij De Jong:** Rixt van Doniastraat 1, www.gallengallameland.nl.

Ausgehen

Abtanzen – **De Swinging Mill:** Molenweg 12, www.swingingmill.nl; **De Lichtboei:** Kerkplein 3, www.delichtboei-ameland.nl. Einlass: 22–1.30 Uhr.

Holländische Top-100-Kneipe – **Nescafé:** van Heeckerenstraat 10, www.nes-cafe-ameland.nl. An der Bar gibt's bis spät nachts bei guter Musik 40 verschiedene Biersorten. Auch Restaurant mit guter Saisonküche (u. a. Fisch und Lamm), beheizte Terrasse.

Dorfkrug – **Café De Herberg:** Reeweg 28, www.deherbergameland.nl. Billard, Darts und ein kühles Bier …

Sport und Aktivitäten

Strand – feinsandig, kinderfreundlich, sommers bei Paal 13 bewacht, Pavillon mit exklusivem Likör.

Radverleih – **Kiewiet:** Marten Janszenstraat 6, Jan van Eyckweg 4 (Campingplatz Duinoord) und am Fähranleger; **Nobel:** Strandweg 10.

Kutterfahrten zu Robben- und Muschelbänken – Start am Fähranleger, mit der **Zeehond** (www.robbentoch ten.com), **Ameland Waddentravel** (www.robbentocht.nl) oder **Bruinvis** (www.bruinvis.nl, auch Sportfischen).

Reiten – **Manege 't Jutterspad:** Bureweg 25, www.jutterspad.nl.

Windsurfen – westl. vom Fähranleger. Infos: Tel. 0519 54 30 58, www.fun sport-ameland.nl.

Nordic Walking – Burgemeester Waldaweg 3, www.fitwalkingameland.nl. Workshops. Start am Strandweg (Parkplatz hinter Restaurant Paal 13).

In der Umgebung

Hasenspurroute (▶ P/Q 5): Start hinter Zwembad Aqua Plaza (Molenweg). Mit grünen Hasenpfoten auf weißen Tafeln gekennzeichneter Weg durch den Wald, mit Infotafeln zum Gebiet.

Hagendoornveld (▶ P 5): 2,5-stdg. Wanderung (Start am Ballumerweg) rund um das NSG Hagendoornveld.

De Vleyen (▶ Q 5): weitläufiges Erholungsgebiet und Abenteuerspielplatz nordöstl. von Nes. Schön für Kinder! Auf ca. 15 ha Teiche zum Paddeln, Kanufahren und Angeln; Spielplätze verbunden durch Bogen- und Hängebrücken; Insel mit Ritterburg. Liegewiesen, Picknickplätze, Hütten, Toiletten.

Infos und Termine

VVV: Bureweg 2, Tel. 0519 54 65 46, www.vvvameland.nl, Mo–Fr 9–17, Sa 10–15 Uhr.

Jachthafen: Oude Steiger 3, www. waddenhavenameland.nl.

Fähre: 8–14 x tgl., Fr, Sa stdl. Verbindung (ca. 45 Min.) von Holwerd. Verkaufsschalter dort; Tel. Pkw-Reservierung 05 19 54 61 11, Hotline Reederei Wagenborg, Infos Abfahrtszeiten, Tel. 09 00 455 44 55, www.wpd.nl. **Taxis** und **Busse** stehen bei Ankunft der Fähre bereit. Gute Verbindugnen zwischen allen Dörfern (Linien 130, 131, 132).

Rôggefeest: Beliebtes Straßenfest am ersten Freitag im August mit Musik, Theater und Show. Besonderer Spaß für Kinder: Jongleure, Clowns, Zauberer.

Buren ▶ Q 5

Das relativ junge Buren besitzt nicht den charmant-beschaulichen Reiz der übrigen Dörfer. Seit jeher wird das Dorf von Bauernhöfen dominiert, von denen heute viele zu Touristenunterkünften, oft für Gruppen umfunktioniert sind. Obwohl in und um Buren eine Großzahl der Besucher wohnt, sind Geschäfte und Gastronomiebetriebe eher spärlich gesät – wohl wegen der Nähe zum nur gut 1 km entfernten quirligen Nes. Das dörfliche Leben spielt sich entlang des **Hoofdweges** und des daran anschließenden abknickenden **Strandweges** ab. Hier liegen Restaurants, Imbissbuden, Hotels und Supermarkt.

Auf dem Dorfplatz erinnert die hakennasige **Statue von Rixt van Oerd** an die tragische Geschichte der alten Fischerswitwe. Mit der Laterne in der Hand lockte sie Schiffe auf den Strand, bis sie eines Tages ihren Sohn unter den wegen ihr ertrunkenen Seemännern fand. Hierüber sei sie wahnsinnig geworden, so die Legende. Noch heute soll sie in Sturmnächten am Strand herumirren.

Landbouw en jutters museum Swartwoude

s. S. 104

Übernachten

Blick aufs Meer – **Strandhotel Buren aan Zee:** Strandweg 85, Tel. 0519 54 21 10, www.strandhotelburenaanzee. nl, DZ ab 100 €. In den Dünen liegt das modern-schlicht eingerichtete 27-Zimmer-Hotel. Alle Zimmer mit Balkon oder

Terrasse, Internetanschluss, einige mit Kochzeile. Sauna, Solarium, Dampfbad.

Mitten im Dorf – **Hotel De Klok:** Hoofdweg 11, Tel. 0519 54 21 81, www.hoteldeklok.nl, DZ ab 80 €. Familienhotel mit 25 großen, modernen Zimmern, Sauna, Bar, Café und Restaurant (Gerichte um 20 €); mit belebter Sonnenterrasse. Ruhigere Zimmer nach hinten heraus anfragen.

Camping und mehr 1 – **De Kiekduun:** Strandweg 65, Tel. 05 19 54 23 89, www.kiekduun.nl, ganzjährig. Platz unweit vom Nordseestrand hinter den Dünen. 10 Min. zu Fuß bis zum Dorf. Sauna, Kiosk, Restaurant, Vermietung von Caravans.

Camping und mehr 2 – **Recreatieoord Klein Vaarwater:** Klein Vaarwaterweg 114, Tel. 05 19 54 21 56, www.kleinvaarwater.com, ganzjährig. Größter Platz der Insel direkt hinter den Dünen, ca. 1 km zum Strand. Hervorragende Ausstattung: gute santäre Einrichtungen, Restaurant, Café, Imbiss, Supermarkt, vielfältige Freizeitmöglichkeiten, Hallenbad. Besonders attraktiv für Familien mit Kindern. Vermietung von Caravans und Ferienhäusern.

Essen und Trinken

Sehr gesellig – **Eetcafé De Driesprong:** Hoofdweg 15, Tel. 0519 54 29 22, www.driesprongameland.nl, Gerichte ab 14 €. Gut besuchtes Lokal mitten im Dorf. Tipp: Amelander Wels.

Am Strand – **De Heksenhoed:** Tel. 0519 54 25 54, www.kleinvaarwater.com, Gerichte ab 11 €, Pfannkuchen 5 €. Sehr relaxte Atmosphäre in einem der schönsten Strandpavillons Amelands. Sehr lecker sind u. a. die Senfsuppe und die Eintöpfe.

Sport und Aktivitäten

Strand – breit, feinsandig, kinderfreundlich; der Abschnitt am Ende des Strandweges ist im Sommer bewacht, mit Strandpavillon.

Schwimmbad – **De Golfslag:** Klein Vaarwaterweg 114 (Ferienpark Klein Vaarwater), www.kleinvaarwater-ameland.nl. Kleines Hallenbad mit 25-m-Becken, Kinderbecken und langer Rutsche. Schön, wenn es mal regnet.

Radverleih – **Metz:** Strandweg 37;, **Molenaar:** Willibrordusstraat 7.

Tennis, Minigolf, Kegeln, Bowling – **Klein Vaarwater:** s. links.

Wattwanderungen – Infos beim VVV oder beim Natuurcentrum in Nes; Frühjahr–Herbst; Startpunkt der 1,5-stdg. Wanderung am Ende des Reeweges; unerlässlich: Gummistiefel oder Turnschuhe. Wie ist das Watt entstanden, wer lebt darin und in welchem Maß ist es bedroht? Hier gibt es viele Infos zum Thema. Beim Buddeln im auf den ersten Blick langweiligen Wattboden gerät man ins Staunen.

Windsurfen – auf dem Wattenmeer, am Ende des Reeweges.

Planwagenfahrten – organisiert vom **Landbouw en jutters museum Swartwoude,** s. S. 104.

In der Umgebung

Strandfahrt mit Strandexpress und Traktor: s. S. 104

Buresteiger (▶ Q 5): Südlich von Buren, am Ende des Reeweges, liegt die ehemalige Anlegestelle für Fischer und Binnenschiffer, heute ein beliebter Angelplatz. Schöner Blick zum Festland, auf dem Deich Tafel mit kulturhistorischen Infos; Broschüre beim VVV.

Het Oerd und De Hôn: direkt 13 ▶ S. 102.

Termine

Mittsommerfest Buren: Am letzten Juliwochenende, in der Nacht von Freitag auf Samstag, wird am Strand von Buren mit viel Musik gefeiert.

13 | Eine Kinderstube für Watvögel – Amelands unbewohnter Osten

Karte: ▶ Q–S 5 | **Route:** Strandweg in Buren bis Schutzhütte und zurück ca. 14 km, mit Abstecher zur Entenkoje 20 km, Rundwanderweg plus 4 km

20 km mit dem Rad durch größtenteils unberührte Landschaft – ein Traum! Erhalten Sie quasi im Vorbeifahren Einblicke in die Welt der Vögel, die hier zu Tausenden rasten und brüten. Es ist ein einmaliges Spektakel, wenn sich die gefiederten Inselgäste im Watt bei Niedrigwasser auf ihre Nahrung stürzen. Der Abstecher zur gut restaurierten Entenkoje und dem benachbarten heimeligen Lokal beschließt den entspannten Ausflug.

Hinter Buren erstreckt sich über eine Länge von 11 km eine unberührte Landschaft, die nur mit dem *fiets* und zu Fuß besucht werden kann. Startpunkt ist der Radweg direkt hinter den Dünen an der Kreuzung mit dem Strandweg in Buren, wo auch der **Strandexpres** 1 abfährt. Es geht vorbei an den **Buurderduinen** mit der

15 m hohen Düne **Bureblinkert** 1, einem guten Aussichtspunkt, entlang dem 1893 angelegten Sandfangdeich **Kooioerdstuifdijk** 2, der Ameland mit der Düneninsel Oerd verband und die Salzwiese **Nieuwlandsreid** 3 entstehen ließ. Seit dem Bau des Deiches ist dieses Naturschutzgebiet vor der Nordsee geschützt, wird allerdings weiterhin regelmäßig vom Meer überflutet. Mehrere Priele schlängeln sich durch das Marschland. Die Vogelwelt findet hier reichlich Nahrung und Brutplätze – bis zu 5000 Ringelgänse ruhen sich hier vor ihrem Flug in Richtung Norden aus.

Blick zur Nachbarinsel
Weiter geht's ins jahrhundertealte Dünengebiet **Het Oerd** 4, das wie die im Osten angrenzende, sich ständig verändernde Sandebene De Hôn ein international bedeutendes Naturschtzgebiet ist. Der Radweg endet an der Schutz-

hütte mit den Infotafeln am Fuß des **Oerdblinkert** 5, der mit 24 m höchsten Düne der Insel. Von der mit Fernrohren bestückten Aussichtsplattform bietet sich ein herrlicher Blick über Dünenseen, Nordsee, Wattenmeer und bei klarer Sicht bis Schiermonnikoog.

Zur Nordseeseite hin bleibt der Blick an den Bohrinseln hängen – einem ständigen politischen Zankapfel. Aus einer Tiefe von 3000 m wird Erdgas unter dem östlichen Inselteil gefördert. Naturschützer befürchten eine Absenkung des Bodenniveaus, wodurch das Ökosystem aus dem Gleichgewicht geriete.

Bunte Farbpalette der Natur

Zusammen mit feuchten Dünentälern sind die **Oerderduinen** 6 und De Hôn, ein beliebtes Brutgebiet. Bei Hochwasser suchen hier Tausende von Watvögeln Zuflucht. Vom 15. März bis 15. September ist das Gebiet daher weitgehend gesperrt, und nur über den ca. 4 km langen, mit orangefarbenen Pfählen markierten Rundweg zugänglich (Ausgangspunkt: Plattform auf dem Oerdblinkert). An der Wattseite der Oerder Dünen wachsen Rosen- und Holundersträucher und im Herbst setzt der Sanddorn knallorangene Farbakzente. Hier führt der Weg an einer zwischen Oerd und Hôn gelegenen Salzwiese vorbei, die regelmäßig und ungehindert vom Wattenmeer überflutet wird. Der grüne Pflanzenteppich geht nahtlos ins Wattenmeer über.

De Hôn 7 schließt sich an, eine Sandebene mit Primärdünen und sich langsam entwickelnder Vegetation, die im Spätsommer ihr schönstes Kleid trägt, einen wogenden violetten Strandfliederteppich. Entstanden ist die Ebene, da die Insel gen Osten wandert. Durch die starke Strömung im Borndiep wird im Südwesten Sand abgeschlagen, der sich teilweise im Osten ablagert.

Eine Kolonie von 3300 Silbermöwenpaaren brütet im Osten der Oerderduinen. Weitere Bewohner des Dünengebietes sind Kaninchen, deren Bestand durch die Kaninchenpest bereits mehrfach stark dezimiert wurde.

›Op stap‹ mit dem Entenfänger

Zurück an der Schutzhütte, kann man beim Bureblinkert links in den Jan Sietsepad einbiegen und in südwestlicher Richtung – hinterm Campingplatz Klein Vaarwater vorbei – auf den Kooiweg zuhalten, in den man links einbiegt und nach gut 1 km den Kooiplaats mit der **Eendenkooi** 8 erreicht. Der heute schön restaurierte Entenfang entstand 1705. An guten Tagen wurden damals bis zu 1000 Enten gefangen; heute leben hier verschiedene Entenarten. Bei einem anderthalbstündigen Rundgang erzählt der *kooiker* (Entenfänger) allerlei Details zum Entenfang.

Zur Rast lädt benachbart die rustikale **Gasterie 't Koaikers Huus** 1 ein. Das schöne Ausflugslokal in einem alten Bauernhaus mit Sonnenterrassen und Spielplatz mitten im Grünen stellt jeden zufrieden. Neben den leckeren

Ameland: ein Zuhause für Watvögel

Entenspezialitäten gibt es Pfannkuchen und *poffertjes,* Fisch- und Meeresfrüchtespezialitäten.

Ein schweres Auskommen

Über den Kooiweg ist in Buren schnell ein weiterer ehemaliger Bauernhof erreicht, in dem heute das **Landbouw en jutters museum Swartwoude** 9 untergebracht ist. Auf dem stilecht hergerichteten Hof aus dem 18. Jh. werden Käse und Butter hergestellt sowie alte Handwerke vorgeführt. Besonderes Augenmerk legt man auf die Strandräuberei. Ein Teil des Gesammelten ist ausgestellt. Da die Amelander Bauern schwerlich allein von der Landwirtschaft leben konnten, waren sie gleichzeitig Fischer, Jäger, Seemänner – und eben auch Strandräuber.

Infos, Tickets und Zeiten

Der **Strandexpres** 1 fährt fast ganzjährig über den Strand bis Oerd und Hôn (ca. 2,5–3,5 Std, auch für Rollstuhlfahrer geeignet, Reservierung erwünscht). Wer's rustikaler mag, nimmt den **Traktoranhänger** über den Strand bis De Hôn. Alle Infos auch beim VVV, über den sich auch eine **geführte Wanderung** durch Het Hôn buchen lässt. Dort oder beim Koaikershuus (s. u.) gibt es auch Karten für den **Besuch der Entenkoje.** Das passende Rad für die Tour hält u. a. **Metz** 2 in Buren bereit (Strandweg 37, Tel. 0519 54 24 17).

Landbouw en jutters museum Swartwoude 9: Hoofdweg 1, Tel. 0519 54 28 45, www.amelandermusea.nl, April–Okt. und in den Ferien Mo–Fr 10–12, 13–17, Juli/Aug. durchgehend, sonst Mi–Sa 13.30–17 Uhr, 3 €. Von hier werden auch **Kutschfahrten** mit der **Jan Plezier** zum Entengehege angeboten (s. S. 63).

Ente und Fisch im Angebot

't Koaikers Huus 1: Öffnungszeiten nachfragen, schließt früh, Tel. 0519 54 38 64, www.koaikershuus.nl, Menü 30 €, Suppen 5 €, Eintöpfe 13 €. Eine gute Alternative bietet das liebevoll eingerichtete **StrAnders** 2 mit ausgezeichneten Fischgerichten (Strandweg 71, Tel. 0519 54 30 29, www.restaurantstranders.nl, ab 14 €, mit Takeaway). Und wer mag, in der **Ameländer Welszüchterei** 1 gibt's außer Wels auch noch Forelle. Letztere kann man angeln oder im Imbiss verzehren (Koeveldsweg 2, Tel. 0519 54 29 31, Di–Do, Sa 9–13, 13.30–17.30, Fr, So 13.30–17.30, Fr auch 18–22, Führungen Di–Do 17–18, Sa 11–12 Uhr).

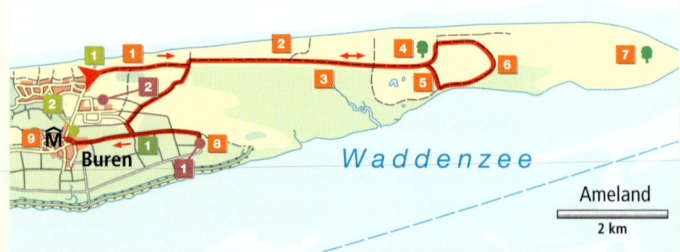

Schiermonnikoog

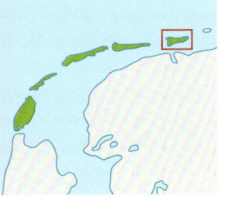

Die ›Insel der grauen Mönche‹ fährt mit Superlativen auf: Sie ist die östlichste, die ursprünglichste und mit ca. 17 km Länge und maximal 4 km Breite auch die kleinste der holländischen Watteninseln. Gerade einmal 1000 Einwohner machen sie zudem zur kleinsten Gemeinde Hollands. Vielen Gästen gilt sie als die charmanteste Insel im Kranz ihrer Schwestern. Und auch vom **schönsten Strand Europas** ist immer wieder die Rede. Lang ist er jedenfalls, 16 km, und breit auch, oft mehr als 1 km. Dass die Schiersen – so heißen die Insulaner – in ihrer Bewunderung nicht ›betriebsblind‹ sind, bestätigte ihnen 2006 die Auszeichnung ihrer Insel als ›schönstem Ort der Niederlande‹!

Zu drei Vierteln ist Schiermonnikoog als Nationalpark geschützt. Rund 5400 ha umfasst das urwüchsige, abwechslungsreiche Naturschutzgebiet: gewaltige Salzwiesen und Dünenketten, Strand, Watt und eine einzigartige Flora. Die Hälfte aller in den Niederlanden vorkommenden Pflanzen gedeiht hier. Vom 15. April bis 15. Juli sind die **Salzwiesen im Osten** übrigens nur im Rahmen von Führungen zugänglich, damit die Vögel ungestört brüten können. Nur wenige Pfade erschließen dieses Gebiet überhaupt.

Trotz all seiner Superlative und der 300 000 Besucher im Jahr ist Schiermonnikoog ein gemütliches Feriendomizil geblieben. Die Ruhe tut gut: Auf den wenigen Straßen dürfen nur die Inselbewohner herumkurven, Gästen bleibt allein das Fahrrad. Und wie auf Vlieland gibt es auch auf Schiermonnikoog nur einen Ort.

Schiermonnikoog besitzt das verhältnismäßig größte Dünengebiet der niederländischen Watteninseln und ist eines der wenigen europäischen Gebiete, wo noch natürlich geformte Dünen entstehen. Hier wächst eine besondere Flora – so die Binsenquecke, auch ›Dünenbauer‹ genannt. Ihre weit verzweigten Wurzeln graben sich, ähnlich wie Helmgras und Strandhafer, durch den Sand, um das spärliche Süßwasser zu erreichen. Die Binsenquecke, die immer wieder zuweht und sich ebenso sicher wieder nach oben arbeitet, hält so eine Menge Sand fest. Im größten Dünengebiet Schiermonnikoogs, den **Westerduinen,** lassen sich verschiedene Dünentypen gut erkennen. Noch etwas unterscheidet die hiesigen Dünengebiete von denen der übrigen Watteninseln: Sie sind fast überall frei zugänglich. Damit dies so bleibt, sollten Besucher nicht auf den Dünen herumklettern, möglichst auf den Wegen bleiben und hier auch nicht graben.

Die Insel, von den Schiersen liebevoll ›lytje pole‹, ›kleine Insel‹, genannt, erlebte eine bewegte Geschichte, ging quasi von Hand zu Hand, um schließlich im Besitz eines Deutschen zu landen. Schiermonnikoog, das immer recht gut vom Meer lebte, ja in der ersten Hälfte des 18. Jh. gar eine Fischereiflotte mit mehr als 100 Kuttern sein Eigen nannte, wurde über mehrere Jahrhunderte wie ein Großgrundbesitz geführt. Am längsten gehörte es der Familie Stachouwer (1640–1859), um dann in den Besitz von John Eric Banck überzugehen, dem u. a. die eingepolderten Gebiete im Süden der Insel zu verdanken sind. Die **Bancks Polder** erlauben sieben Bauernhöfen bis heute ein geregeltes Auskommen. Banck unternahm auch die ersten Anstrengungen, Urlauber auf die Insel zu holen. Doch erst unter seinen Nachfolgern, den deutschen Grafen von Bernstorff (1892–1945), erlebte der Tourismus seine Blütezeit. Zum Glück für die Inselbewohner, denn die Fanggründe rund um Schiermonnikoog waren längst leer gefischt, viele Familien abgewandert. Die Tourismusbranche boomt bis heute, wobei Schiermonnikoog wohl diejenige unter den Watteninseln ist, die weitestgehend von negativen Folgen des zunehmenden Fremdenverkehrs verschont blieb.

Schiermonnikoog-Dorp

▶ U 4

Der Ort mit seinen 1000 Einwohnern ist ein kleines Juwel und unterscheidet sich in seiner Anlage sehr von den übrigen Inseldörfern, `direkt 14` ▶ S. 107.

Übernachten

Nobel – **Hotel Graaf Bernstorff:** Reeweg 1, Tel. 0519 53 20 00, www.bernstorff.nl, DZ ab 110 €. Komfortables Hotel mit Familiensuiten im Anbau. Die großzügigen Räume sind geschmackvoll im mediterranen Stil eingerichtet, hell und freundlich, mit extralangen Betten, z. T. mit Balkon oder Dachterrasse, Whirlpool. Café mit Außenterrasse, exquisites Restaurant, Hotelbus. Nach den Familiensuiten mit Gärtchen oder Dachterrasse fragen.

Wattenklassiker – **Hotel Duinzicht:** Badweg 17, Tel. 0519 53 12 18, www.hotelduinzicht.nl, DZ ab 110 €, 4-Bett-Zimmer ab 200 €. Das gemütliche, im altholländischen Stil eingerichtete Familienhotel liegt ideal zwischen Dorf und Strand hinter den Dünen; nach den Gartenzimmern fragen, die in einem modernen Anbau inmitten der Dünen untergebracht sind; mit Café, Restaurant, Sauna, Solarium, Spielplatz, einige Zimmer mit Whirlpool, alle mit Bad/Dusche und WC, einige mit Balkon.

Ausgezeichnet – **Hotel de Tjattel:** Langestreek 94, Tel. 0519 53 11 33, www.detjattel.nl, DZ ab 85 €, Familienzimmer ab 130 €. Am schönen Langestreek zentral gelegenes kleines Hotel mit 15 einfachen, aber praktisch eingerichteten Zimmern – alle mit Dusche und WC – sowie Billard- und Eetcafé. Nach den Zimmern an der Vorseite fragen. 2010 zum besten Hotel in seiner Kategorie gewählt worden – und das zu Recht! Sehr kundenfreundlich.

Ruhig und geräumig – **Herberg Rijsbergen:** Knuppeldam 2, Tel. 0519 53 12 57, www.rijsbergen.biz/hr, DZ 85 €, 3-Bett-Zimmer 110 €, 4-Bett-Zimmer 130 €. Einfach und geschmackvoll eingerichtetes Haus (18. Jh.), in dem einst die Inselherren lebten. Die am Ostrand des Dorfes schön gelegene Herberge verfügt über 18 Zimmer – alle mit Dusche und WC –, Aufenthaltsräume, Hausbar; Terrasse, Spielwiese, großes Grundstück. Die meisten Zimmer liegen im Anbau (1998). Lunchpaket für 8 €.

Intimes Zuhause – **Pension Westerburen:** Middenstreek 32, Tel. 0519 53 11 96, www.westerburen.nl, DZ ab 70 €. Im alten Teil des Dorfes liegt Familie Vissers ruhige Pension mit 10 2-Bett-Zimmern, alle mit Dusche und WC; kleine Außenterrasse.

Camping – **Seedune:** Seeduneweg 1, Tel. 0519 53 13 98,   ▷ S. 109

14 | Auf dem Reißbrett entstanden – Schiermonnikoog-Dorp

Karte: ▶ U 4

Seine Entstehung hat das hübsche, beschauliche Dorf dem Versinken des alten Hauptdorfs zu verdanken, und so hat es auch kaum Ähnlichkeit mit den anderen Inseldörfern. Alle Straßen wurden in Ost-West-Richtung angelegt, um dem Wind möglichst wenig Angriffsfläche zu bieten. Die Häuser wirken sehr gemütlich, und nicht nur die zahlreich hier umherspazierenden Fasane scheinen sich wohlzufühlen …

Als das Westdorf in der ersten Hälfte des 18. Jh. allmählich versank, entstand Schiermonnikoog-Dorp über Jahrzehnte quasi auf dem Reißbrett. Zuerst wurden parallel zueinander verlaufende Straßen geplant, die *streken*. Bäume und kleine Grünflächen säumen die großzügig angelegten Wege, die besonders bei den Fasanen beliebt sind. Im ältesten Teil des Dorfes, an Voor-,

Midden- und Langestreek, finden sich zahlreiche alte, schön restaurierte gelbe Backsteinhäuser im typischen Inselstil mit tiefem Satteldach, *topgevel* mit Schornstein, kunstvoll ausgeführtem Mauerwerk in der *daklijst* und der großzügigen Fenstereinteilung. Charakteristisch sind auch die Windmäuerchen an der Westseite der Häuser und die kleinen Anbauten *(lytje hús)* in den Gärten.

Zuerst kamen die Mönche

Eines der ersten Häuser des Dorfes und heute das älteste erhaltene Gebäude der Insel ist das **Huis Marten** **1** von 1721 am Middenstreek 60. Auf dem zentralen Dorfplatz, dem **Willemshof** **2**, erinnert eine mannshohe Statue an die ersten Bewohner der Insel, die Laienbrüder eines Zisterzienserklosters. Eine Art Tor bilden zwei gewaltige Walfischkiefer am Rand des Willemshofs. Sie sind ein Geschenk von Klaas Visser, der Kapitän auf einem Walfänger war.

An die Zisterzienser erinnert auch das Gemeindewappen am **Witte Huis**  im Nieuwestreek 5, es zeigt ebenfalls den die Hand hebenden Mönch. Und auch die Kuppel des ehemaligen Leucht- und Wasserturms am Torenstreek – wegen seines weißen Turmes auch **Witte Toren** genannt – ziert als Windfahne ein 2 m großer Mönch.

Mit interessierten Besuchern teilen Thijs und Annelies de Boer in **Paal 14** ihre Muschelleidenschaft. Die mehr als 1500 verschiedenen Muschelsorten, aber auch das Treibholz und die Bernsteine haben sie selbst gesammelt.

Ikone des Tourismus

Am Beginn der touristischen Entwicklung der Insel stand übrigens das **Hotel Van der Werff**. Das Haus enthält im Kern das im Jahr 1726 gebaute Gerichts-, Rathaus- und Postgebäude. Dieses Gebäude wurde etwa um 1830 von Mijnheer van der Werff in eine Pension umfunktioniert, 1914/1915 ließ er das Gebäude vergrößern und umbauen. In der Gaststube ist noch der Giebelstein mit dem Wappen der Familie Stachower zu sehen. Das Hotel gilt als Mutter aller späteren touristischen Entwicklungen.

Infos

Schelpenmuseum Paal 14 :
Martjeland 14, Tel. 0519 53 16 63,
www.schelpenmuseum.nl, fast tgl.
15–17, 20–22 Uhr, 2 €.
Hotel van der Werff : Reeweg 2,
Tel. 05 19 53 12 03, www.hotelvander werff.nl, DZ ab 125 €. Das Hotel hat eine altmodische Gaststube, eine gemütliche Lounge, eine Außenterrasse und eigene Tennisplätze. Alle Zimmer mit Bad/Dusche, WC. Ein klappriger Hotelbus holt die Gäste an der Fähre ab.

Kunst kaufen

›Inselkunst‹ stellt die **Galerie Ogygia** aus (Middenstreek 23, Tel. 06 51 89 01 81, www.galerieogygia.nl, Di–Sa 14–17 Uhr und nach telefonischer Absprache): Ölgemälde, Aquarelle, Glas, Keramik und andere Werke von Künstlern, die allesamt eine starke Bindung zur Insel Schiermonnikoog haben. Mitunter veranstalten Klaske und Coba auch **Kunsttouren:** anhand von liebevoll gestalteten Fotokarten geht es quer über die Insel.

www.schiermonnikoog.net/seedune, April–Sept. Schöner, 8 ha großer Naturplatz inmitten eines Dünengebietes am Waldrand nördlich des Dorfes. Einfach, aber zweckmäßig ausgestattet, mit Kiosk, Kantine und Kinderspielplatz.

Essen und Trinken

Gehoben – **Hotel Graaf Bernstorff:** s. S. 106, 3- bis 4-Gänge-Menüs 40–50 €. Wer es sich leisten kann, genießt im mediterran angehauchten Ambiente oder auf der Terrasse die exquisite Mittelmeerküche mit feinsten Zutaten.

Mit schöner Terrasse – **Steakhouse Brakzand:** Langestreek 66, Tel. 0519 53 13 82, März–Nov. tgl 16–21.30, sonst Do–So 16–21.30 Uhr, Tagesgericht ab 18,50 €. Neben Steaks werden hier auch gute Fisch- und vegetarische Gerichte serviert.

Gemütlichkeit pur – **Hotel Duinzicht:** s. S. 106, tgl. 10–21 Uhr, Pfannkuchen ab 9 €, Gerichte ab 18 €. Altholländisches Restaurant mit windgeschützter Terrasse und heimeligem Kamin. Spezialität des Hauses ist das am Tisch zubereitete Bœuf Stroganoff.

Schiff ahoi! – **De Tjattel:** s. S. 106, tgl. 12–15, 16.30–21 Uhr, Gerichte 14–23 €., 3-Gänge-Menü 20 €. Liebevoll eingerichtetes Eetcafé mit kleiner Lunch- und großer Abendkarte, in dem alles auf die Seefahrt abgestimmt ist, selbst die Gerichte. Zu empfehlen: der ›Trawler‹ (Thunfisch vom Grill; 17 €). Salatbuffet. Angenehme Terrasse.

Tolle Dachterrasse – **De Ware Jakob:** Langestreek 46, Tel. 0519 53 16 87, www.dewarejakob.nl, Juli, Aug. tgl., April–Juni, Sept., Okt. Mi–Mo, Nov.–März Do–So ab 16/17 Uhr, Pizza ab 8 €, Gerichte ab 13 €. Im gemütlichen Restaurant gibt es neben guter Pizza leckere Fisch- und Fleischgerichte, z. T. auf dem Lavagrill zubereitet. Mit Außen- und Dachterrasse, Wintergarten.

Einkaufen

Fisch und mehr – **Schiermonnikooger Vishandel:** Noorderstreek 38, www.schiermonnikogervishandel.nl, Di–Fr 11.45–19, Sa 13–19 Uhr. Frischer, gebackener und geräucherter Fisch, aber auch Wein und Snacks.

Inselprodukte – **Kaasboerderij Florida:** Reddingsweg 38, Tel. 0519 53 14 77, Hofladen: Do, Sa 14–17 Uhr. Superlecker: Käse, Joghurt oder Buttermilch der Familie Holwerda. Auch Besichtigungen nach telefonischer Absprache beim Besucherzentrum möglich.

Fair mit Flair – **Flair:** Langestreek 15. Große Palette an Fairtrade-Produkten.

Süßes – **It Peperhûsjen:** Middenstreek 42. Ein herrlich altmodischer Süßigkeitenladen für Jung und Alt.

Ausgehen

Dauerbrenner – **Tox-Bar:** Reeweg 5, www.toxbar.nl, Disco: Nov.–April So 22–2, April–Nov. (mit Terrasse) tgl. 22–2 Uhr, Café ab 10 Uhr. Angesagtes Café-Dancing mit großzügiger Terrasse.

Viel Flair – **It Aude Beuthûs:** Nieuwestreek 6, tgl. 10.30–ca. 2 Uhr *(last order).* Im alten Rettungsboothaus brummt es, ob auf der Café-Terrasse oder in der netten Kneipe mit den vielen Biersorten. Dartspiel und -turniere.

Nicht nur für Inselbewohner – **De Tjattel:** s. S. 106, tgl. 10–2, im Winter Mo–Do 12–2, Fr–Sa 10–2 Uhr. Gut besuchtes Billardcafé, Darts. Terrasse.

Sport und Aktivitäten

Strand – sehr breit, kilometerlang, feinsandig, kinderfreundlich; im Sommer zwischen Paal 6 und 7 bewacht. Die Pfähle stehen im Abstand von 1 km am Strand. Mit Strandpavillon. Achtung: Das Betreten der Sandbänke westlich von Paal 5 ist lebensgefährlich.

Schwimmbad – **De Dûnatter:** Duinpad 10, Tel. 0519 53 13 16, www.du

natter.nl, Mitte Mai–Mitte Sept. Beheiztes Freibad mit Wasserrutsche, Jetstream, Sauna. Diverse Veranstaltungen im Sommer wie das 4-tägige Schwimmfest oder Discoschwimmen.

Radverleih/Radfahren – **Schierfiets:** Noorderstreek 32; **Soepboer:** Paaslandweg, für Tagesgäste direkt an der Fähre; Mitte Mai–Mitte Sept. Ausgezeichnetes Radwegenetz (Infos: VVV).

Reiten – **Manege Binnendijken:** Van der Molenpad 13, Tel. 0519 53 16 33. Begleitete Ausritte.

Outdoorsport – **Reactief Buitensport:** www.reactief.dds.nl.

Beachvolleyball – auch Turniere. Infos: »Eilander Paidwiizer«, beim VVV.

Tennis – **De Hinneleup:** Tel. 06 30 23 62 26, tgl 9–12, 13–18 Uhr.

Windsurfen – bei Paal 3 oder an der Wattenmeerseite beim Jachthafen.

Wandern – Schiermonnikoog verfügt über ein **ausgezeichnetes Wandernetz.** Geführte Wanderungen, ob zu den Brutvogelgebieten im Osten oder zur Entenkoje sowie Abendwanderungen, können über das Bezoekerscentrum (s. S. 113) zu buchen. Auf eigene Faust kann man in Flyern beschriebene Routen unternehmen (Infos: VVV).

Planwagenfahrten – Abfahrt am Besucherzentrum; dort auch vorab reservieren. 2-stdg. Fahrt über den Strand zum Rif (gewaltige Sandplatte) und über den Wattendeich zurück ins Dorf.

Kutterfahrten – zum Rif und zur Engelsmanplaat, Infos beim VVV.

Eilander Balgexpres – s. S. 113

Schlittschuhbahn: auf der Bahn **De Halve Maan** (Eintritt) am Badweg.

Für Kinder und Jugendliche – **Kittiwake:** Starkenborghstraat 17, www.kittiwake.nl. Kinder- und Jugendhilfe, die u. a. Tagesaktivitäten und Café-Abende für Kinder und Jugendliche organisiert, die aber auch für Inselbesucher frei zugänglich sind.

Infos

VVV: Reeweg 5, Postbus 13, Tel. 0519 53 12 33, 0519 53 19 00, www.vvvschiermonnikoog.nl, Mai–Sept. Mo–Fr 9–13, 14–18, Sa 10–13, 14–16, Okt.–April Mo–Fr 9–13, 14–17.30, Sa 9–13, 14–16 Uhr.

Fähre: bis zu 6 x tgl. Fährverbindungen (ca. 45 Min.) von Lauwersoog. Verkaufsschalter dort; Tel. Fähre 0900 455 44 55, 0,35 €/Min., nur national erreichbar, www.pdl.nl. **Pkw-Verbot** für Gäste. Auf der Insel stehen bei Ankunft der Fähre Taxis und **Busse,** so zum Strand, bereit. **Fahrradverleih** für Tagestouristen am Anleger.

Wassertaxi: Seit Kurzem ist es auch möglich, nach Absprache zwischen 6 und 24 Uhr ein Wassertaxi zu buchen. Die Überfahrt dauert dann nur eine Viertelstunde. Die Wassertaxen können auch von und nach Ameland, Harlingen oder den deutschen Watteninseln eingesetzt werden. Infos: www.wadtaxi.nl. **Jachthafen:** Tel. 0519 53 15 44.

In der Umgebung

Eerste en Tweede Dennen (▶ U 4): Die beiden Kiefernwälder ließ Graf von Bernstorff 1912 und 1919 anlegen. Heute dienen sie als Windbrecher. Am Rand sind die Kiefernwälder von Laubbäumen durchsetzt, was den Vögeln sehr gut gefällt. Man trifft auf Rotkehlchen, Singdrossel, Zaunkönig, Meise, Amsel, Grünling oder auch Birkenzeisig. **Westerplas, De Wassermann, De Berkenplas, Het Balg:** `direkt 15` S. 111

Schullefeest: Wochenende im Aug. alle zwei Jahre (2012). Das Fest erinnert an die Fischerfrauen, die Schierse Schullemeiden, die einst die Schollen verkauften. Im 18. Jh. machten Schollen nämlich den Hauptfang der inseleigenen Fischereiflotte aus. Das Fest steht immer unter einem besonderen Thema.

15 | Zu drei Vierteln geschützt – Nationalpark Schiermonnikoog

Karte: ▶ T–V 4/5 | **Route:** 15 km (hin und zurück) | **Dauer:** reine Fahrzeit ohne Abstecher und Einkehren ca. 2,5 Std.

Die kleinste der fünf Watteninseln steht fast komplett unter Naturschutz. Die Radtour führt in stetem Auf und Ab vorbei an gewaltigen Salzwiesen, Dünenketten, einem Süßwassersee, dem Leuchtturm, einer alten Peilbake, der Entenkoje und einem wunderbaren Aussichtspunkt über Insel und Festlandsküste.

Los geht's am VVV-Büro am Reeweg. Um die Ecke, am Paaslandweg, können bei **Soepboer** 1 Fahrräder ausgeliehen werden. Den Reeweg in Richtung Wattenmeer bis zum Ende fahren und dann rechts ab auf den Minne Onnespad. Hier steht auf dem Deich die **Bank von Banck** 1 . Von dieser zur Erinnerung an J. E. Banck aufgestellten Bank – er ließ 1860 den ersten Deich anlegen – hat man eine gute Aussicht auf den alten **Bancksdijk** im Nordwesten, ohne den der Polder gar nicht erst hät-

te entstehen können. Der Minne Onnespad führt rund um den südwestlich vom Dorf gelegenen, nicht zugänglichen **Westerplas** 2 , ein aus einer Salzwiese durch künstliche Dünenaufschüttung geschaffenes Süßwasserreservoir. Der Teich ist ein bei Zug- und Sumpfvögeln beliebter Trink-, Bade- und Brutplatz; Möwen fliehen bei starkem Sturm an sein Ufer. Seit Kurzem erlaubt hier ein **Vogelausguck** den Blick aufs Wasser. Mit dem Fernrohr lassen sich fast alle niederländischen Entensorten erspähen, zudem Haubentaucher, Blässhühner, scheue Rietvögel etc.

Unterwegs zur Peilbake
Der Minne Onnespad wird zum Westerduinenpad, welcher durch ein herrliches Dünengebiet mit reicher Vegetation führt. Am befestigten Vuurtorenpad lohnt ein Abstecher nach links, um den roten Leuchtturm aus der Nähe zu betrachten und die Aussicht vom Dünen-

übergang zu genießen. Der auch ›der rote Turm‹ genannte, 37 m hohe **Leuchtturm** 3 wurde 1853 gebaut und ist heute aufs Modernste ausgerüstet. Er ist 24 Stunden am Tag bemannt und nicht zu besichtigen. Im Schatten des Turmes stehen prächtige alte Sommerhäuschen, alle mit Rieddach. Dies ist einem Befehl des damaligen Besitzers der Insel, Graf von Bernstorff-Wehningen zu verdanken, der verfügte, dass bei allen neu gebauten Sommerhäusern das Dach mit Ried eingedeckt werden musste.

Auf dem Badweg angekommen, erst links und dann rechts abbiegen auf den Bospad. Dieser Radweg im Norden der Insel führt durch eine beeindruckende Landschaft, die vom Auf und Ab der Dünen und Dünentäler gekennzeichnet ist. In den feuchteren Niederungen wachsen u. a. zahlreiche Orchideenarten.

Im weiteren Verlauf zweigt der Bospad erst nach links in den Scheepstrapad ab und wird dann zum Johannes de Jongpad. Kurz vorher kann man prima eine Pause machen und bei einem kühlen Getränk oder einem Snack die Panoramaaussicht am Pavillon **De Marlijn** 2 genießen.

Bei Wegweiser 22631 bietet sich links ein Abstecher zur **Peilbake** in den **Kobbeduinen** 4 an. Die Bake wurde als Seezeichen genutzt, um Schiffen den Weg zu weisen. Böse Zungen behaupten, das in der Bake entzündete Feuer habe die Schiffe aufs Land lotsen sollen, um diese ausrauben zu können. Wie dem auch sei, heute ist sie ein hervorragender Aussichtspunkt über Ost-Schiermonnikoog.

Die Kobbeduinen selbst bestehen aus zwei lang gestreckten, parallel zueinanderverlaufenden kalkhaltigen Dünen und einem dazwischenliegenden Dünental. Dieses Vogelbrutgebiet ist nur mit Führung zu besichtigen.

Durch Dünen und Wald

Es geht zurück auf den Johannes de Jongpad und weiter auf den Kooiweg, der die Grenze zwischen den Poldern links und den Dünen- und Waldgebieten rechts markiert. Links führt der Weg weiter zur **Entenkoje** 5, in der jährlich ca. 250 Enten zum Beringen gefangen werden. Darüber hinaus dient sie Zugvögeln als Raststätte auf ihrer Reise. Eine Führung kann beim VVV oder im Bezoekerscentrum gebucht werden.

Zurück auf dem Reddingsweg passiert man einige Bauernhöfe und biegt bei Markierung 22628 rechts ab. Kurz vor diesem Abzweig führt rechts ein Pfad zum Friedhof. Auf dem winzigen, idyllisch von Bäumen beschatteten **Vredenhof** 6 fanden ertrunkene Seemänner ihre letzte Ruhestätte. Seite an Seite liegen hier auch Gefallene aus beiden Weltkriegen: Australier, Kanadier, Deutsche, Briten, Polen.

Bei Markierung 22602 rechts abbiegen und den Prins Bernhardweg entlangradeln. Auf einer hohen Düne grüßt **De Wassermann** 7. Der Bunker, den die im Mai 1940 auf Schiermonnikoog gelandeten Deutschen errichteten, war wie einige andere auf der Insel auch Teil des ›Atlantikwalls‹. Einstmals unter Sand versteckt, liegt er heute frei und abstoßend da, bietet aber – er ist der höchste Punkt der Insel – eine wunderbare Aussicht über Insel und Festlandküste.

Entspannt genießen

Von hier führt der Cornelis Visserpad geradewegs zurück ins Dorf. Vorher könnte man noch eine kleine Pause am **Berkenplas** 8 einlegen und ins kühle Nass abtauchen. Der kleine, flache Süßwassersee am Waldrand ist ideal für Kinder: Es gibt ein **Café-Restaurant** 1 mit großer Sonnenterrasse und **Kanu- und Tretbootverleih.**

Interaktive Naturausstellung

Im **Bezoekerscentrum** am Torenstreek sind auch Kinder mit Spaß dabei.
Viele Insel- und Schiffsmodelle, Ton-
dokumente, Aquarien, schöne Schau-
kästen, Diashows, Videos und ein Gezeitenmodell, an dem eindrucksvoll der
Tidenwechsel gezeigt wird, machen
den Zugang leicht. Mit umfangreicher
Bibliothek und Wechselausstellungen
zur Kulturgeschichte der Insel (Tel.
0519 53 16 41, www.activiteiten
opschiermonnikoog.nl, Frühjahrs- bis
Herbst-ferien Mo–Sa 10–12, 13.30–
17.30, So 10–14 Uhr, übrige Öffnungszeiten telefonisch erfragen).

**Kitesurfer sind ein alltägliches Bild am
Strand – wenn der Wind mitspielt**

Einkehren am Prins Bernhardweg

Im **Drink- & Eethuis De Berkenplas** 1 direkt am Badesee lohnt eine
ausgiebige Rast (Nr. 1, Tel. 0519 53
15 70, April–Juni, Sept.,Okt. Di–So
11–18, Juli, Aug. tgl. 11–18.30, sonst
nur Sa, So 11–18 Uhr; hier auch Boot-
verleih). Wen es eher ans Salzwasser
zieht: Im **Strandpaviljoen De Marlijn** 2 lockt die kleine, aber feine
Lunchkarte. Gut:die Austern, die Fisch-
suppe, der Thai-Beef-Salat (Nr. 2, www.
demarlijn.com, tgl ab 10, Küche bis
18.30 Uhr, Gerichte 7–23 €).

Noch Energie?

Im Osten der Insel liegt die Sandplatte
Het Balg 9 , 9 km vom Badstrand
entfernt. Sie ist entweder zu Fuß oder
mit dem **Eilander Balgexpres** zu erreichen (www.eilanderbalgexpres.nl).
Der von einem Traktor gezogene
Wagen startet am Bezoekerscentrum
(s. o.), dort muss man auch vorab
reservieren. Die gemächliche Fahrt
dauert etwa 2–2,5 Stunden.

Sprachführer Niederländisch

Aussprachehilfen

Niederländisch	Deutsch
ei z. B. in plein	wie äi in Lady, aber kurz
eu z. B. in deur	wie ö in dösen
oe z. B. in boek	wie u
ou z. B. in oud	wie au
u z. B. in nul	wie ü
ui z. B. in uit	etwa öi
ij z. B. in lijn	wie ei
g z. B. in tegel	etwa wie ch in fluchen
sch z. B. in schaap	s + ch getrennt sprechen

In der holländischen Schriftsprache stößt man manchmal auf ein Trema wie z. B. in Indië oder drieëntwintig, d. h. beide Vokale müssen einzeln gesprochen werden.

Allgemeines

Guten Morgen	Goedemorgen!
Guten Tag	Dag! Goedendag!
Guten Abend	Goedenavond!
Auf Wiedersehen	Tot ziens
Entschuldigung	Pardon
Hallo/Grüß dich	Hallo/Dag
bitte	alstublieft
Vielen Dank	Dank u wel
ja/nein	ja/nee
Bis später	Tot straks
Wie bitte?	Hoe bedoelt u?
Wann?	Wanneer?

Unterwegs

Haltestelle	bushalte/tramhalte
Bus	bus
Auto	wagen
Ausfahrt/Ausgang	uitgang
Tankstelle	benzinepomp
Benzin	benzine
rechts	rechts
links	links
geradeaus	rechtdoor
Auskunft	inlichtingen/ informatie
Telefon	telefoon
Postamt	postkantoor

Bahnhof	station
Flughafen	luchthaven/vliegveld
Stadtplan	plattegrond
Alle Richtungen	alle richtingen
geöffnet	open
geschlossen	gesloten
Kirche	kerk
Museum	museum
Brücke	brug
Rathaus	stadhuis
Platz	plaats, plein
Straße	straat
Hafen	haven
hier	hier
dort	daar

Zeit

Minute	minuut
Stunde	uur
Tag	dag
Woche	week
Wochenende	weekend
Monat	maand
Jahr	jaar
heute	vandaag
gestern	gisteren
morgen	morgen
morgens	´s morgens
mittags	´s middags
nachmittags	´s middags
abends	´s avonds
früh	vroeg
spät	laat
vor	voor
nach	na
Montag	maandag
Dienstag	dinsdag
Mittwoch	woensdag
Donnerstag	donderdag
Freitag	vrijdag
Samstag	zaterdag
Sonntag	zondag
Feiertag	feestdag

Notfall

Hilfe!	Help!
Polizei	politie
Arzt	dokter

Zahnarzt	tandarts	Geldautomat	geldautomaat
Apotheke	apotheek	Bäckerei	bakkerij
Krankenhaus	ziekenhuis	Lebensmittel	levensmiddelen
Unfall	ongeval	Kleidung	kleding
Schmerzen	pijn	Schuhe	schoenen
Zahnschmerzen	kiespijn	Schmuck	sieraden
Durchfall	diarree	teuer	duur
Fieber	koorts	billig	goedkoop
Halsschmerzen	keelpijn	Größe	maat
Insektenstiche	insektenbeten	bezahlen	afrekenen, betalen

Übernachten

Hotel	hotel
Pension	pension
Einzelzimmer	eenpersoonskamer
Doppelzimmer	tweepersoonskamer
Doppelbett	tweepersoonsbed
Einzelbetten	eenpersoonsbed
mit/ohne Bad	met/zonder bad
Toilette	toilet
Dusche	douche
mit Frühstück	met ontbijt
Gepäck	bagage
Rechnung	rekening
Preis	prijs

Einkaufen

Geschäft	winkel
Markt	markt

Zahlen

0	nul	16	zestien
1	een	17	zeventien
2	twee	18	achttien
3	drie	19	negentien
4	vier	20	twintig
5	vijf	21	eenentwintig
6	zes	30	dertig
7	zeven	40	veertig
8	acht	50	vijftig
9	negen	60	zestig
10	tien	70	zeventig
11	elf	80	tachtig
12	twaalf	90	negentig
13	dertien	100	honderd
14	veertien	200	tweehonderd
15	vijftien	1000	duizend

Die wichtigsten Sätze

Allgemeine Floskeln
Sprechen Sie Deutsch/Englisch? Spreekt u Duits/Engels?
Ich verstehe nicht. Ik begrijp het niet.
Ich heiße … Ik heet …
Wie heißt Du/heißen Sie? Hoe heet je/u?
Wie geht's? Hoe gaat het?
Danke, gut. Goed, dank u wel.

Unterwegs
Wie komme ich zu/nach …? Hoe kom ik bij/naar...?
Wo ist bitte …? Waar is …?
Könnten Sie mir bitte … zeigen? Kunt u mij alstublieft ... laten zien?

Notfall
Können Sie mir bitte helfen? Kunt u me alstublieft helpen?
Ich brauche einen Arzt. Ik heb een dokter nodig.

Übernachten
Haben Sie ein freies Zimmer? Heeft u een kamer vrij?
Wie viel kostet das Zimmer pro Nacht? Hoeveel kost de kamer per nacht?

Kulinarisches Lexikon

Zubereitung

gebraden	gebraten
gefrituurd	fritiert
gegrild	gegrillt
gekookt	gekocht
gestoofd	geschmort
koud	kalt
scherp	scharf
uit de oven	aus dem Backofen
warm	warm

Beilagen

aardappelpuree	Kartoffelpüree
friet, patat	Pommes frites
gemengde sla	gemischter Salat
komkommersalade	Gurkensalat
pasta	Nudeln
patat, aardappel	Kartoffel
rijst	Reis

Fisch und Meeresfrüchte

baars	Barsch
forel	Forelle
garnalen	Krabben, Garnelen
haring	Hering
inktvis	Tintenfisch
kabeljauw	Kabeljau
kreeft	Hummer
makreel	Makrele
meerval	Wels
mosselen	Muscheln
oesters	Austern
paling	Aal
schelvis	Schellfisch
schol	Scholle
tarbot	Steinbutt
tong, zeetong	Zunge, Seezunge
tonijn	Thunfisch
zalm	Lachs

Fleisch

bal gehakt	Frikadelle
biefstuk	Beefsteak
frikadel	würziges Würstchen
ham	Schinken
kalf	Kalb
karbonade	Kotelett
lam	Lamm
rund	Rind

varken	Schwein
worst	Wurst

Geflügel und Wild

eend	Ente
fazant	Fasan
gans	Gans
kalkoen	Pute, Truthahn
kip	Huhn
konijn	Kaninchen
lever	Leber

Gemüse

asperges	Spargel
bloemkool	Blumenkohl
boerenkool	Grünkohl
erwten	Erbsen
lof/witlof	Chicorée
prei	Lauch
spruitjes	Rosenkohl
tuinbonen	grüne Bohnen
witte bonen	weiße Bohnen
zuurkool	Sauerkraut

Spezialitäten

appelgebak met slagroom	Apfelkuchen mit Schlagsahne
bitterballen	frittierte Ragout-bällchen
boerenkool met worst en spek	Grünkohl mit Wurst und Speck
bruine bonen met stoofvlees, worst en spek	Braune Bohnen mit Schmorfleisch, Wurst und Speck
erwtensoep met worst	Erbsensuppe mit Wurst
gebakken haring met bietensalade en remouladesaus	Brathering mit Rote Betesalat und Remoulade
gebakken aardappels met appel moes	Bratkartoffeln mit Apfelmus
gebakken kabeljauw filet met Zaanse mosterdsaus	gebratenes Kabeljaufilet mit Zaanser Senfsauce
geitenkaas	Ziegenkäse
gepocheerde zalm-filet met Goudse kaassaus	pochiertes Lachsfilet mit Gouda-Käse-sauce

gestoofde ossentaart	gebratene Kalbslende
Hete Bliksem	Himmel und Erde
Hollandse biefstuk met pepersaus	Beafsteak mit Pfeffersauce
Hollandse garnalen	Garnelen
Hollandse garnalen kroketjes	Holländische Garnelenkroketten
Hutspot met stoofvlees, worst en spek	Kartoffelbrei mit Gemüse, Schmorfleisch, Wurst und Speck
kaaskroketjes met oude kaas	Käsekroketten mit altem Käse
kibbeling	frittiertes in Würfel geschnittenes Fischfilet, serviert mit Remouladen- oder Knoblauchsauce
loempia	Frühlingsrolle
mosterdsoep	Senfsuppe
Noordzee vissoep	Nordsee-Fischsuppe
oliebollen	frittierte Krapfen
palingsoep	Heringssuppe
pannenkoeken	Pfannkuchen
patat met	Pommes frites mit Mayonnaise
patat speciaal	Pommes frites mit Mayonnaise, Ketchup und Zwiebeln
poffertjes	Püfferchen

saté	Erdnusssauce
stamppot	Eintopfgerichte
Texels lamsvlees met rode portsaus	Texelsches Lammfleisch mit roter Portweinsauce
uitsmijter	Strammer Max
zoute haring met uitjes	Salzhering mit Zwiebeln
zure haring met salade	sauer eingelegter Hering mit Salat
zuurkool met worst	Sauerkraut mit Wurst

Getränke

appelsap	Apfelsaft
bier, pilsje	Bier, Pils
chocolademelk	Kakao
Jenever	Jenever (Wacholderschnaps
koffie (met melk)	Kaffee (mit Milch)
koffie verkeerd	Milchkaffee
koffie zonder cafeïne	koffeinfreier Kaffee
room	Sahne
sinaasappelsap	Orangensaft
Spa blauw	Stilles Wasser
Spa rood	Mineralwasser mit Kohlensäure
thee	Tee
water	Wasser
wijn (witte, rode)	Wein (weiß, rot)
Witbier	Weizenbier

Im Restaurant

bord Teller
diner Abendessen
fles Flasche
lepel Löffel
lunch Mittagessen
maaltijd Mahlzeit
mes Messer
ontbijt Frühstück
reserveren reservieren
tafel Tisch
vork Gabel

Waar is hier een goed restaurant? Wo gibt es hier ein gutes Restaurant?
Wilt u (voor ons) voor vanavond een tafel voor 4 personen reserveren? Reservieren Sie uns bitte für heute Abend einen Tisch für 4 Personen.
Proost!/Op uw gezondheid! Auf ihr Wohl!
De rekening, alstublieft. Die Rechnung, bitte.

Register

atmosfair

Das Klima im Blick

Reisen bereichert und verbindet Menschen und Kulturen. Wer reist, erzeugt auch CO_2. Der Flugverkehr trägt mit bis zu 10 % zur globalen Erwärmung bei. Wer das Klima schützen will, sollte sich – wenn möglich – für eine schonendere Reiseform entscheiden oder die Projekte von *atmosfair* unterstützen. Flugpassagiere spenden einen kilometerabhängigen Beitrag für die von ihnen verursachten Emissionen und finanzieren damit Projekte in Entwicklungsländern, die dort den Ausstoß von Klimagasen verringern helfen *(www.atmosfair.de)*. Auch der DuMont Reiseverlag fliegt mit *atmosfair!*

Unterwegs mit Susanne Völler und Jaap van der Wal

Susanne Völler lebt als Autorin und Lektorin in Köln. Von dort aus erreicht sie die holländischen Watteninseln in gerade einmal vier Stunden. Ameland kennt sie seit ihrem fünften Lebensjahr, auf Texel verbringt sie jedes Jahr Wochen und ›hüpft‹ von dort auf die anderen Inseln.

Jaap van der Wal ist an der friesischen Wattenmeerküste aufgewachsen und kennt die Inseln ›vor der Haustür‹ seit Kindesbeinen: Erst standen Verwandtenbesuche und lange Sommerferien auf Vlieland auf dem Programm; die anderen Inseln lernte der heute bei Deventer lebende Übersetzer und Fremdenführer später auf eigene Faust kennen. Für beide sind Natur und Ruhe auf ›ihren‹ Inseln Balsam für Körper und Seele. Im DuMont Reiseverlag sind weitere Reiseführer zu den Niederlanden von beiden Autoren erschienen.

Abbildungsnachweis

Bildagentur Huber, Garmisch-Partenkirchen: S. 40, Umschlagrückseite (Gräfenhain)

laif, Köln: Titelbild, (Amme); S. 23, 56, 68, 87 (Enker); 35, 54, 61, 72 (Gonzalez); 4/5, 7, 80, 113 (Hollandse Hoogte); 37 (Hub); 107, 111 (Jonkmanns); 32, 53 (Le Figaro Magazine); Umschlagklappe vorn (Martin)

mauritius images, Mittenwald: S. 28/29, 77, 82, 103 (ANP Photo), 48 (Food and Drink), 42 (imagebroker/dbn); 58/59 (imagebroker/Krabs), 13 (Oxford Scientific), 73 (Siebert)

picture alliance/dpa, Frankfurt: 46 (Wijnja)

Susanne Troll, Köln: S.71, 93, 96, 102, 120

Jaap van der Wal: S. 66

Kartografie

DuMont Reisekartografie, Fürstenfeldbruck
© DuMont Reiseverlag, Ostfildern

Umschlagfotos

Titelbild: In den Dünen von Terschelling
Umschlagklappe vorn: Texels Norden mit Leuchtturm

Hinweis: Autoren und Verlag haben alle Informationen mit größtmöglicher Sorgfalt geprüft. Gleichwohl sind Fehler nicht vollständig auszuschließen. Alle Angaben erfolgen ohne Gewähr. Bitte schreiben Sie uns! Über Ihre Rückmeldung zum Buch und Verbesserungsvorschläge freuen sich Autoren und Verlag:
DuMont Reiseverlag, Postfach 3151, 73751 Ostfildern,
info@dumontreise.de, www.dumontreise.de

1. Auflage 2011
© DuMont Reiseverlag, Ostfildern
Alle Rechte vorbehalten
Redaktion/Lektorat: Susanne Völler
Grafisches Konzept: Groschwitz/Blachnierek, Hamburg
Printed in Germany